WILDNIS NAMIBIA

WILDNIS NAMIBIA

Diamant im Südwesten Afrikas

Dieter Kreutzkamp

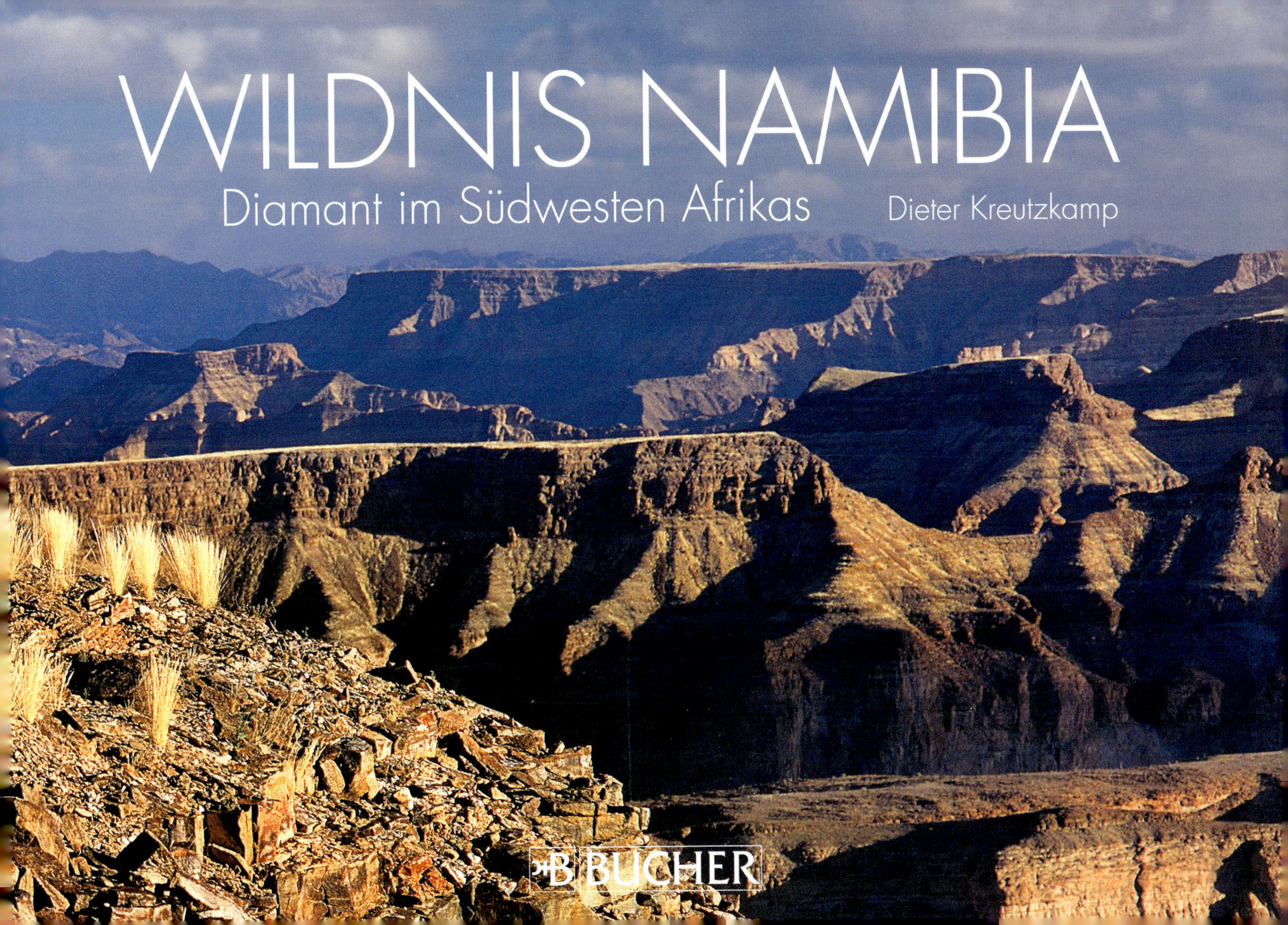

BUCHER

Inhalt

Seite 1: Marlice von der Harnas Wildlife Foundation mit ihrer »Schmusekatze«, einem possierlichen Gepardenbaby.
Seite 2/3: Über Jahrmillionen modellierte der Fish River den 160 Kilometer langen bizarren gleichnamigen Canyon.
Seite 4/5: Namibische Symphonie: unendliche rote Weiten, filigrane Dünenkämme. Dazwischen fast menschenleere Straßen, über denen sich ein tiefblauer Himmel wölbt.

Das NamibRand Nature Reserve ist eins der größten und schönsten privaten Naturschutzgebiete in Afrika.

Köcherbäume in Südnamibia. Ihre ausgehöhlten Äste wurden von den Buschleuten als Köcher für Giftpfeile verwendet.

Die Dickhäuter im Etosha National Park zählen zu den größten in Afrika.

Die von Moringabäumen und Makalanipalmen gesäumten Epupa Falls.
Die Wasser des Kunene River stürzen fast 40 Meter in die Tiefe.

Herero-Frauen in Okahandja. Ihre Tracht geht auf die Kleidung deutscher Missionarsfrauen Ende des 19. Jahrhunderts zurück.

Die Meeresbrise fächelt selbst mittags den Wanderern in den Dünen von Walvis Bay Kühlung zu.

Wenn der Mond über Halbwüsten und Savannen aufsteigt,
geht der Leopard auf Beutezug.

Diamant im Südwesten Afrikas

Flimmernde Buschsavanne, über die Zebra-, Springbock- und Elefantenherden ziehen. Wasserlöcher, unter deren ausladenden Akazienschirmen mächtige Löwen gelangweilt auf Beute lauern, während der Gepard pfeilschnell in den glutroten Sonnenuntergang hineinfedert. Regungslos schweben Adler über Brandberg und Spitzkoppe, während sich im kalten Benguelastrom Zehntausende von Pelzrobben tummeln. Eine Momentaufnahme in Namibia, dem Diamant Afrikas.

Dem Land der roten Dünenkämme, gezogen wie der Federstrich eines sensiblen Künstlers, der Savannen, aus deren Dickicht wachsame Giraffen ihre langen Hälse recken. Ein Land der fast menschenleeren Weiten. Ebenso leer sind hier die Straßen, über denen sich ein riesig blauer wolkenloser Himmel wölbt.

Rund 1500 Kilometer lang ist die Küste Namibias, und die Berge sind, von Meereshöhe betrachtet, fast so hoch wie die der deutschen Alpen. Dazwischen dehnen sich endlose Wüsten aus, die zu den trockensten der Erde zählen. Die Namib allerdings ist ein Schatzkästchen der besonderen Art, seit 1908 zwei Bahnarbeiter hier die ersten Diamanten fanden. Das trug ihr den Spitznamen »Diamantenwüste« ein. Und dabei bedeutet »Namib« so viel wie »nichts«.

Angeschmiegt an den Atlantik im Westen und die Kalahari im Osten, erstreckt sich Namibia vom Orange River im Süden bis hin zum Kunene-Fluss an der Grenze Angolas.

Begegnung der anderen Art: Leoparden sind in freier Wildbahn sonst eher scheue und nachtaktive Jäger, die den Kontakt mit dem Menschen meiden.

Flöge man mit dem Adler von Süden nach Norden über dieses weite Land, das rund zweimal so groß ist wie die Bundesrepublik Deutschland, in dem aber nur halb so viele Menschen wie im Großraum Berlin leben, erblickte man nördlich des klaren Orange River tief unten den 160 Kilometer langen Fish River Canyon, den »Grand Canyon Afrikas«. Über Jahrmillionen hinweg formte der Fish River eine Schlucht, deren Schönheit und Majestät auf dem schwarzen Kontinent unerreicht ist. Höher und höher geht jetzt die Reise bis aufs Zentrale Plateau mit der Landeshauptstadt Windhoek. Die Zeiten, in denen man von ihr als der »unaufregendsten Hauptstadt in Afrika« sprach, sind längst vorbei. Seinen kleinstädtischen Charme hat Windhoek dennoch nicht verloren.

Lange bevor die alten Griechen ihre Akropolis bauten, schufen unbekannte Künstler in diesem Land Felsbilder, die auch auf uns verblüffend modern wirken. Ein Großteil dieses Kulturerbes der Menschheit versteckt sich in den rotbraunen Felsen des Brandbergs. Und der taucht jetzt wie eine Festung aus dem gelben Staub des nahezu menschenleeren Damaralandes auf. Dem gegenüber ist die Etosha-Pfanne mit mehr als tausend Elefanten voll prallen Lebens. Im Westen ahnt man die einsame Skelettküste, der Schiffstragödien und Wracks ihren Namen gaben. Im Osten weist der Finger des Caprivizipfels in Richtung Victoriafälle. Dann die Ankunft im Norden: endlich Wasser, sattgrüne Urwälder und Flusspferde im

Kunene River, der Namibia nach Angola und damit zu Schwarzafrika hin begrenzt.

Europäische Entdecker interessierten sich erst spät für dieses Kleinod. Gut. So bewahrte der Südwesten Afrikas lange seine Geheimnisse. Wir dürfen sie entdecken.

Die Menschen – vielgesichtig wie das Land

Seit Vulkane vor 150 Millionen Jahren hier ein letztes Mal Asche und Lava spien, modelliert die Erosion das südwestliche Afrika, schrumpfen die Berge, zerbröseln kalte Nachtwinde, die Gluthitze der Tage, gelegentlicher vehementer Regen und Erderschütterungen das Gestein.

Die Zeugen erdgeschichtlicher Entwicklung sind allgegenwärtig: die flache, oft im Sonnenlicht gleißende Etosha-Pfanne war einst ein riesiger von den Wassern des Kunene gespeister See. Der bizarre Fish River Canyon ist ein Kind der jüngsten Eiszeit, die zwar hier keine Gletscher, jedoch turbulente Wassermassen brachte. Im Vergleich zu dieser Geschichte der Erde ist die der Menschheit kaum ein Herzschlag lang. Und doch entstand die älteste in Namibia entdeckte Felsmalerei vor weit mehr als 20 000 Jahren. Die frühen Künstler verschwanden im Dunkel der Geschichte, ohne weitere Spuren zu hinterlassen. Das Jahr 1486, als der Portugiese Diego Cão den Boden nördlich von Swakopmund betrat, lässt die Wende erahnen. Als die ersten Weißen dieser archaischen Gesellschaft der Buschmänner, der San, begegneten, stießen unterschiedliche Welten aufeinander. Die San jagten noch immer mit Bogen und Pfeilen, deren Spitze sie in das Gift von Käfern, Spinnen oder Pflanzen tauchten.

Zusammenstöße mit den Europäern, die bald schon ihre Schafe und Rinder weiden ließen, wo die Buschmänner seit Jahrtausenden das lebensnotwendige Wasser fanden, waren unausweichlich. Die Folge: Der Buschmann war jetzt ein Fremder im eigenen Land.

Die rund 27 000 San leben heute in dem zumeist unzugänglichen Osten des Landes und in Botswana. Buschmann-Initiativen wie Nyae Nyae und Ombili bemühen sich um Integration.

Das moderne Namibia ist ein liberales, multiethnisches Land, in dem die rund 800 000 Ovambo zwischen Kunene und Okavango River die stärkste Kraft im Land sind. Um das Jahr 1550 zogen ihre Vorfahren von den großen Seengebieten Ostafrikas nach Südwesten. Etwa zeitgleich wanderten die Herero von den Savannen Ostafrikas dorthin aus. Nach anfänglichem Arrangement mit der deutschen Kolonialmacht erhoben sie sich 1904 gegen die Deutsche Schutztruppe. Die Niederschlagung des Herero-Aufstandes war für sie vernichtend.

Heute ist es eine Freude, in die vielen Gesichter des unabhängigen Namibia zu schauen: auch in die der Himba, der letzten Nomaden, sowie in die der Nama, Damara, Caprivianer und Rehobother Baster zum Beispiel. Den rund 80 000 Namibiern europäischer Abstammung begegnet man zumeist in den Städten oder auf

Erdkunde am lebenden Objekt: Eine Schulklasse aus Harare (ehemals Salisbury) bestaunt die »Vic Falls«.

Die Tore der Camps im Etosha National Park schließen pünktlich zur angegebenen Zeit (ganz links). Der Herero Claudius Tjatindi führt Besucher durch Windhoek und spricht so gut Deutsch wie seine Muttersprache (links).

Gästefarmen. Viele von ihnen sprechen auch heute noch Deutsch, oft sind sie Nachfahren von Schutztruppenangehörigen, Händlern und Siedlern, die während der Kolonialzeit, aber auch später, einwanderten.

Durch die Mitte Namibias

In Namibia scheint alles eine Nummer größer und länger; so auch der Highway One, der sich 1600 Kilometer unter dem wolkenlos blauen Himmel fast schnurgerade von der Grenze zu Südafrika durch die knochentrockene Mitte bis in den grünen, tropischen Norden erstreckt.

Die »Nummer eins« ließe sich mit einer Arterie vergleichen, von der sich nach links und rechts Staub- und Schotterstraßen wie Adern ins weite Hinterland ziehen. Eine Hauptstraße im besten Sinne also, wo mächtige Kudus die Fahrbahn kreuzen, Warzenschweine daneben mit keck erhobenem Schwanz im Gras wühlen und Paviane mit affigem Gehabe auf den Spitzen von Telegrafenmasten thronen.

Bald nach dem Start wartet ein echtes Namibia-Highlight auf den Reisenden: Wie eine stumme Armee stehen die mächtigen Köcherbäume von Keetmanshoop zwischen schwarzen, Hitze absorbierenden Findlingen. Buschmänner und Nama höhlten ihre faserigen Zweige aus und verwandten sie seinerzeit für Köcher und Pfeile. Besonders lohnend ist der Besuch zum Sonnenuntergang, wenn die plumpen Bäume wie hilfesuchend ihre Äste in den rot glühenden Himmel recken. Der »Sunset« am Köcherbaumwald ist ein Leckerbissen jeder Fotosafari. Rund fünf Fahrstunden später ist Windhoek erreicht. In einem L-förmigen Bogen durchzieht die B1 die Hauptstadt, fast so, als gefiele es ihr, länger als üblich an einem Fleck zu verweilen. Doch schon taucht sie erneut in die Buschsavanne ein. Perlhühner scharren in stoischer Gelassenheit neben der Fahrbahn. Der Wagen huscht weiterhin durch karges Land entlang erodierter Berge, bis das Auge auf das Schild »Welcome to Okahandja« trifft.

Jedes Jahr Ende August versammeln sich hier die Herero, um ihre Ahnen zu ehren. Dann wirbeln die Hufe ihrer Pferde Staub auf, und manche der Reiter tragen operettenhaft wirkende Uniformen, die ein wenig an die Zeit der Deutschen Schutztruppe erinnern.

Wir verlassen Okahandja und rollen weiter nach Norden Richtung Otjiwarongo.

»Wenn Sie sich bei Kaffee und Kuchen stärken wollen, schauen Sie im Caféstübchen oder bei der Dampfbäckerei Carstensen vorbei«, lautet die Empfehlung im kleinen Touristenbüro hier. »Und vergessen Sie nicht, die Krokodilfarm zu besuchen ...«

Hinter Otjiwarongo gibt der Highway One seine Geradlinigkeit auf und knickt nach Nordosten ab, um sich in Form einer Zickzacklinie um die Etosha-Pfanne herumzubewegen.

Wer hier im Oktober die einstige Minenstadt Tsumeb erreicht, den betört ein Meer bläulicher Jakarandablüten, das zu Beginn der Regenzeit von Frangipaniblüten und roten Bougainvilleen abgelöst wird. Nur ein kurzer Endspurt ist es noch bis zum dicht besiedelten Norden, wo mehr als ein Viertel der gesamten namibischen Bevölkerung in den Provinzen Omusati, Oshana, Ohanwena und Oshikoto auf nur wenigen Prozent der Landesfläche lebt.

Hinter der Stadt Ruacana treffen wir auf den Kunene River. Von den einst mächtigen Ruacana-Wasserfällen blieb nach dem Bau eines gigantischen Staudamms nicht viel übrig. Es bleibt zu hoffen, dass die noch spektakuläreren Epupa Falls weiter westlich diesem Schicksal entgehen. Projektpläne, die wohl schönsten Wasserfälle in diesem Teil der Welt sowie die hier wachsenden 5000 Makalanipalmen in einem weiteren Stausee zu versenken, scheiterten zum Glück am Widerstand der Naturschützer und des hier beheimateten Himba-Volkes.

Abenteuer Skelettküste

Wie reizvoll wäre es, die Autoreise entlang der angolanischen Grenze nach Westen, zur Skelettküste hin, fortzusetzen. Doch Straßen und etablierte Pisten gibt es von nun an nicht mehr, und die Fahrt würde zum echten Abenteuer, zu dem ein zuverlässiger Geländewagen, viel Reservesprit, genügend Wasser und eine gute Prise Wagemut gehören.

Also wird man sich zum Besuch der Skelettküste den einheimischen »Skeleton Coast Safaris« anschließen.

Der mehrstündige Flug in der einmotorigen Cessna in den einsamsten Winkel Namibias beginnt in Windhoek. »Noch 800 Kilometer bis zur nördlichen Skelettküste, unserem Ausgangspunkt«, ruft der Pilot und tippt mit dem Finger auf den Kartenrand. Von dort wird sich die kleine Gruppe mit Allradfahrzeugen nach Süden durchschlagen.

Die als Skeleton Coast, Skelettküste, bezeichnete Region erstreckt sich zwischen der Oranje-Mündung im Süden und dem Kunene River an der Grenze zu Angola. Entlang dieser 1850 Küstenkilometer liegt nicht mal eine Handvoll Städte: es sind Lüderitz, Walvis Bay, Swakopmund und Henties Bay. Dafür prägen Schiffswracks die Szenerie.

Dunst liegt bei unserem Weiterflug in Richtung Norden über dem Küstenstreifen, aus dessen Grau sich nahe von Conception Bay die Konturen der »Shaunee« schälen. »1976 gesunken«, brüllt der Pilot durch den Lärm der Maschine. Wieder war es der gefährliche Nebel, hervorgerufen durch den kalten Benguelastrom. In der Antarktis nimmt die Meeresströmung ihren Anfang, wälzt sich voll Plankton, Fischen, Robben und Walen entlang der westafrikanischen Küste bis hin zur Höhe von Mossamedes in Angola, wo sie nach Westen in den Atlantik abdriftet. Dort mischt sie sich mit warmen äquatorialen Wassern, um ihre Weiterreise nach Südamerika anzutreten.

Der antarktische Benguelastrom ist der Lebensspender. Zu Wasser wie zu Land. Für 90 bis 100 Prozent Luftfeuchtigkeit sorgt er an der Küste, wo er Nebelbänke

Tiermediziner Dr. Hartmut Winterbach liegt das Wohl seiner Wildtiere am Herzen. Durch Wilderer gefährdete Nashörner werden gelegentlich mit dem Betäubungsgewehr ruhig gestellt und in Schutzgebiete verfrachtet.

Mit rund 1000 Jahren Lebenserwartung ist die *Welwitschia mirabilis* der Methusalem der Pflanzenwelt (links oben). Wegen der Skorpione ist bei Wanderungen stabiles Schuhwerk unerlässlich (links unten). Stolperfalle Elefantenlosung (rechts oben). Ein Parkranger im Caprivizipfel präsentiert Besuchern den Schädel einer großen Raubkatze (rechts unten).

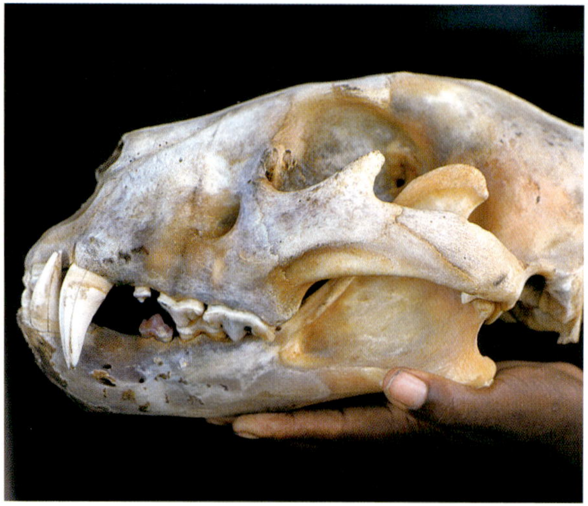

schafft, deren Feuchtigkeit 50 bis 80 Kilometer landeinwärts zieht. Aber so sehr der Nebel auch ein Garant fürs Überleben Tausender Pflanzen- und Tierarten ist, für die Schiffe ist er eine ständige Gefahr.

Der Schatten des Flugzeugs huscht entlang der schnurgerade nach Norden hin verlaufenden Küste und streift Angler mit einem halben Dutzend in den Sand gerammter Angeln. Dank des nährstoffreichen Benguelastroms ist dies eine der fischreichsten Gegenden der Welt. Dieser Reichtum lockt auch andere ... am Cape Cross tummeln sich rund 80 000 Robben, über denen 200 Flamingos wie pinkfarbene Wattebäuschchen schweben. Einen Moment lang schwenkt die Maschine in Richtung Wüste: Rot, gelb und grau ist sie, mit senkrecht gestellten Basaltwällen, die an Straßen und Bastionen längst vergangener Kulturen erinnern.

Und immer wieder erkennt man Fragmente gestrandeter Schiffe, die der »Dunidin Star« und der »Sir Charles Elliot«.

Südlich von Cape Frio stößt man auf die Trümmer dreier vor mehr als 200 Jahren gesunkener Schiffe. Und überall Skelette; die von Vögeln, Seehunden, hier und da gebleichte Schädel, angeschwemmte Schiffsplanken, eine Holztruhe mit den verwaschenen Initialen »R M«, zerbrochene Muscheln, Flaschen und ein einzelner Schuh.

Flugzeugreifen vibrieren auf sandigem Boden. Staub wirbelt hoch. Ankunft im nördlichen Skeleton Coast Park. Das Abendlicht taucht die Wüstenberge in rötliches Licht. Ein Pavian kreischt, dann ist es still. Namibias Nächte verzaubern. Weltenbummler rühmen die kristallklare Luft, denn nur wenige Gegenden bieten einen so ungetrübten Blick in den Sternenhimmel wie dieser Landstrich.

Vom Flugzeug steigt die Gruppe in Geländewagen um. Sorgfältig bestehenden Fahrspuren folgend rollt die kleine Expedition durch die Hartmannberge nach Süden. Dieses fragile Land verträgt keine Off-Road-Eskapaden. Jahre oder gar Jahrzehnte würde es dauern, bis die Narben einer unüberlegten Exkursion verheilen.

Bilderbuchafrika – im tropischen Caprivi

Verglichen mit Europa reicht Namibia etwa von Hannover im Norden bis Rom im Süden und von Berlin bis weit hinter London. Das muss sich vor allem klarmachen, wer Caprivi, Namibias tropischen Ostzipfel, erkunden will. Bis zu den ersten freien Wahlen im Jahr 1988 war er ein strategisch wichtiger Brückenkopf im Kampf gegen die Rebellen der SWAPO, der South West African People's Organisation. Heute ist der Nordosten über die Straße B8 von Grootfontein nach Rundu und weiter nach Katima Mulilo jedem zugänglich. Ein Drittel des »Caprivi-Strip« besteht aus Wildreservaten und Nationalparks.

Die Motive, sich für Caprivi zu interessieren, haben sich über die Jahre hinweg geändert. Sein »Geburtsort«

war ein Pokertisch der Weltgeschichte, als im Jahre 1890 England und Deutschland sich gegenseitig auf ihre militärischen und kolonialen Interessen hin abklopften. Was dabei herauskam hieß Helgoland-Sansibar-Vertrag. Nach dem Machtpoker wurden die Gewinne verteilt: Sansibar ging an England, Helgoland und ein Landkorridor von einer Breite von 20 englischen Meilen, der fast bis an die Victoriafälle reichte, fiel Deutschland zu. Damit hatte der Kaiser Zugang zum Sambesi und außerdem eine Marscherleichterung zu seinen ostafrikanischen Kolonien. Als Dank für den Verhandlungserfolg benannte er den »Zipfel« nach dem deutschen Chefunterhändler Reichskanzler Graf Leo von Caprivi. Der Name überdauerte weit mehr als ein Jahrhundert bis ins moderne Namibia hinein.

Mit riesigen Schutzgebieten, die an die Nachbarstaaten Angola und Sambia im Norden sowie Botswana im Süden angrenzen, ist dies das »Bilderbuch Afrika«. Der Mahango Game Park zählt zwar unter den vielen Naturparks eher zu den kleinen Schutzgebieten, doch vor allem zwischen Juni und November tummeln sich hier die Dickhäuter. Über Katima Mulilo, das Verwaltungszentrum des Caprivizipfels, erreicht man den mächtigen Sambesi, wo urige Lodges, lauschige Campingplätze und stilvolle Gästebungalows zum Verweilen einladen. Und irgendwo findet man seinen Traumblick über den Fluss, der sich wie jeden Abend im Licht des glühend versinkenden Sonnenballs rotgolden färbt.

Koloniales Schmuckstück – Swakopmund

Swakopmund ist eine eigentümliche Stadt. Dennoch wird man sie lieben. Bei ihrer Gründung ging fast alles daneben. Trotz alledem entwickelte sich daraus eine der außergewöhnlichsten Städte Afrikas. Doch eine richtige Hafenstadt wurde Swakopmund nie.

Vor gut 200 Jahren muss das Bett des namengebenden Swakop-Trockenflusses ein kleines Paradies gewesen sein. Pieter Pienaar, ein holländischer Jäger, berichtete 1793 von 300 Flusspferden im Swakoptal – von denen er sogleich 20 abschoss ...

Und genau hier, so beschloss es die deutsche Kolonialverwaltung, sollte ein Hafen gebaut werden.

Jede Bucht zwischen Sandwich Harbour und Cape Frio im Norden wurde untersucht. Doch von der Tiefe einmal abgesehen schienen die Rahmenbedingungen hier am günstigsten zu sein: Es gab Trinkwasser, das breite Swakop Rivier würde die Wüstendünen hindern, den geplanten Ort unter ihrem Sand zu begraben, und es gab bereits den von Jonker Afrikaner angelegten »Baiweg« nach Windhoek. Zwei bis drei Wochen dauerte die Reise dorthin per Ochsenwagen. 880 Ochsenwagenfrachten wurden allein 1896 in Swakopmund abgefertigt. Da kam dem Schutztruppen-Oberleutnant Troost, wie er meinte, »die zündende Idee«, mit einer Dampfmaschine die Wüste zu bezwingen. Er stieg ins Frachtgeschäft ein.

Stolz präsentiert das Empfangskomitee vom »Strand Hotel« in Swakopmund ein Poster der deutschen »Ost-Afrika-Linie-Hamburg«, das mit »directen Durchfrachten von Deutschen Eisenbahnstationen nach Ost-Afrika, Südwest-Afrika und Transvaal laut amtlichen Tarifen« wirbt.

Deutsche Ost-Afrika-Linie Hamburg
Directe Durchfrachten
von deutschen Eisenbahnstationen
nach Ost-Afrika Südwest-Afrika und Transvaal
laut amtlichen Tarifen
ab HAMBURG

Traumland für Geländewagenfahrer: von dem rund 40 000 Kilometer langen Straßennetz sind mehr als zwei Drittel Schotter- und Erdstraßen.

Doch bald gab das stählerne Monstrum bei Swakopmund den Geist auf. Die Entwicklung ging andere Wege, und bereits 1902 lief der erste von Swakopmund kommende Zug in Windhoek ein.

So weit, so gut, doch man brauchte einen richtigen Hafen. 1903 baute man eine Mole. Endlich konnten Schiffe anlegen, doch nur für kurze Zeit, denn durch die Süd-Nord-Drift des Atlantiks versandete die Mole: 2,5 Millionen Reichsmark waren in den Sand gesetzt worden.

1904 folgte eine 275 Meter lange Holzbrücke, die bereits zwei Jahre später von der Bohrmuschel siebartig zerfressen war. Ein dritter Versuch: 1912 begann der Bau einer 640 Meter langen stählernen Landungsbrücke. Gerade mal 262 Meter des Stegs waren fertig, als 1915 das Ende für Deutsch-Südwest kam.

Die einst blühende Stadt war nur noch ein kleines, unbedeutendes Fischerdorf. Doch Swakopmund mauserte sich zum Urlaubsort. »Swakop«, wie Insider sagen, fesselt heute durch kolonialen Charme und ein belebendes Klima. Die »Puppenstube« unter den Städten Afrikas pflegt auch mit liebevoller Beharrlichkeit das Gestern, denn deswegen kommen sie ja alle; der Staatspräsident, der sich hier von Staatsgeschäften erholt, und all die anderen Windhoeker, die es sich leisten können, zwischen Dezember und Januar die Hitze im Inland gegen die Waschküchenkühle eines nebligen Küstenmorgens einzutauschen.

Auch wenn das koloniale Ensemble die Besucher Swakopmunds sofort für sich einnimmt, so ist doch die Entwicklung zu einer schwarzafrikanischen Stadt unübersehbar. Aus den primitiven Stadtrandsiedlungen für Wanderarbeiter aus dem Ovambo-Land wurde der lebendige Vorort Mondesa. Und das viel fotografierte Straßenschild Kaiser-Wilhelm-Straße wich dem mit der Aufschrift »Sam Nujoma-Avenue«. Doch noch immer steht draußen vor den Toren der Stadt jene zurückgelassene Dampfmaschine des Oberleutnants Troost getreu den Worten Luthers: »Hier stehe ich, ich kann nicht anders.« Und so nennt ein jeder hier das eiserne Ungetüm »Martin Luther«.

Von Überlebenskünstlern und roten Dünen im Sossusvlei

»Spieglein, Spieglein an der Wand, wer ist die Schönste im ganzen Land?« Und das Spieglein wird sicherlich sagen: »Sossusvlei.«

Das zwischen mächtigen roten Sanddünen gelegene Vlei, eine pfannenartige Vertiefung, ein Trockensee, der sich nur alle paar Jahre nach starken Regenfällen mit Wasser füllt, ist der Traum eines jeden Naturfotografen. Eine Niederung, umgeben von roten, ockerfarbenen und gelben Dünen, deren scharf gezogene Kämme im wandernden Morgen- und Abendlicht die Wüste zum Leben erwecken.

Das Sossusvlei ist Teil des Namib-Naukluft-Parks, der mit 50 000 Quadratkilometern nicht nur der größte Nationalpark Namibias ist, sondern auch der größte Afrikas. 1907 legte die deutsche Kolonialverwaltung mit dem »Tierreservat Nr. 3« den Grundstein für das Schutzgebiet. 1966 kam das Gelände der Farm Naukluft dazu. Nachdem die Consolidated Diamond Mine riesige Flächen des bis dahin unzugänglichen Diamantensperrgebiets II freigegeben hatte, nahm 1986 Namibias Wüstenjuwel seine heutige Gestalt an. Die Naturschutzverwaltung wacht argwöhnisch über diesen Schatz. Nur einige Regionen sind Touristen uneingeschränkt zugänglich: etwa der Sesriem Canyon, das Sossusvlei oder die Namib Section des Namib-Naukluft-Parks. Wanderer wird es auf den 120 Kilometer langen Naukluft Hiking Trail ziehen. Während hier besondere Fitness angesagt ist, ist die Autoreise ins Sossusvlei ein Vergnügen für die ganze Familie.

Rund 70 Kilometer lang ist die Fahrt vom Parktor zum ersten Trockenfluss, dem Tsauchab Rivier. Und so als habe die Wüste schon die Anfahrt effektvoll inszeniert, steigert sich die landschaftliche Dramatik von Kilometer zu Kilometer. Keine Düne hier ist so bekannt und beliebt wie »Dune 45«: mit scharfkantigen Graten und ein paar Bäumen genau dort, wo es sich gut fürs Foto macht. Die letzten fünf Kilometer zum Sossusvlei sind pures Allradvergnügen.

Man muss schon ein Überlebenskünstler sein wie die Oryxantilope, um hier existieren zu können. Das aschgraue Tier mit dem markanten Aalstrich auf dem Rücken erbringt eine Meisterleistung der Adaptionskunst. Es gelingt ihm, seinen Urin zu konzentrieren, auszuscheiden und das lebenswichtige Wasser für den Körper zu speichern. Die wohl wichtigste Survivaltechnik ist die Fähigkeit, die Körpertemperatur auf 40 °C ansteigen zu lassen, mehrere Stunden kann sie sogar bis auf 45 °C klettern. Dabei schaffen es Oryxantilopen, ihr Blut durch ein Netzwerk feiner Äderchen im Kopfbereich unterhalb des Gehirns abzukühlen. So halten sie das Blut zwischen Herz und Gehirn um einige Grade kühler als im Rest des Körpers.

Dass es auch dem Menschen gelingen kann, durch Anpassung in der Namib zu bestehen, bewiesen die in »Südwest« lebenden deutschen Geologen Henno Martin und Hermann Korn.

Um während des Zweiten Weltkriegs der Internierung durch südafrikanische Behörden zu entgehen, überlebten sie zweieinhalb Jahre lang mit ihrem Hund Otto in der Kuiseb-Schlucht, völlig auf sich allein gestellt, von dem, was sie der Wüste abrangen.

Ganz andere Motive veranlassten den Schutztruppen-Hauptmann Hansheinrich von Wolf, hier Fuß zu fassen. 1908 baute er für seine 110 000 Hektar große Besitzung ein Farmhaus; eine echte Ritterburg mit Zinnen, Türmen und Pallas. Doch kaum stand »Schloss Duwisib«, brach der Erste Weltkrieg aus. Von Wolf fiel bei der Schlacht an der Somme, und seine amerikanische Frau Jayta Humphrey ging zurück in die USA. Ihr Schlösschen Duwisib Castle ist heute ein National Monument und beliebtes Touristenziel.

Strauße sind in ganz Namibia heimisch, am besten aber sind sie an der Etosha-Pfanne und im Namib-Naukluft-Park zu beobachten.

Der Süden – vom Fish River ins Diamantenland

Als hätte eine Riesenschlange sein Bett geformt, schlängelt sich der Fish River südwestlich von Keetmanshoop umständlich nach Süden, bis er auf den Orange River trifft und gemeinsam mit ihm die Grenzfurche zu Südafrika zieht.

50 Millionen Jahre lang grub der Fish River sich hier Meter für Meter ein, bis er stellenweise 500 Meter tiefer floss als an jenem Punkt, an dem er einst zu nagen begann. Während starker Regenfälle zeigt er, was er seit jeher tat: er wühlt hier Erde auf, reißt dort ein Stück Fels raus, rastlos schiebt er Sand und Geröll vor sich her in Richtung Meer. So modellierte er eine Plateaulandschaft, deren Herzstück er selbst darstellt.

Fish River – eigentlich ein merkwürdiger Name für einen Fluss, der nur selten Wasser führt. Und doch überleben in seinen Felsauswaschungen fünf verschiedene Fischarten, eine davon ist der uns wohlbekannte Karpfen. Die Kombination von Wasser und Nahrung zog schon früh Menschen an. Archäologen untersuchten 1928 zahlreiche Ausgrabungsstätten, von denen einige mehr als 50 000 Jahre alt waren.

Vom Main View Point führt parallel zum oberen Canyonrand ein drei Kilometer langer Autopfad zum Hikers Point. Hier beginnt der steile Abstieg in den Bauch der Erde. Ein Schild informiert: »Start hiking trail. 8,5 km«. Wer richtig gut zu Fuß ist und die Genehmigung für den Fish River Canyon Hike erhalten hat, kann die Wanderung zu dem rund 90 Kilometer entfernten Ai-Ais fortsetzen.

Von den wenigen Städten im Süden Namibias stehen Keetmanshoop und Lüderitz in der Besuchergunst weit oben. Zwischen ihnen zieht sich das Band der bestens ausgebauten Straße B4, entlang derer man Schildern mit dem Hinweis »Sperrgebiet« und der viersprachigen Warnung, auch auf Deutsch, »Kein Zutritt ohne Erlaubnisschein«, begegnet.

Begonnen hatte das Diamantenfieber von Südwest Anfang des 20. Jahrhunderts mit dem gebürtigen Thüringer August Stauch. Er war Eisenbahner, zu dessen Aufgaben gehörte, die Bahnstrecke zwischen Lüderitz und Aus vom Sand freizuhalten. Die Legende will wissen, dass er eines Tages den Angestellten Zacharias Lewala beauftragte, ihm schöne Steine – *mooi klippies* – zu bringen. Lewala, der zuvor in den Diamantenminen Südafrikas gearbeitet hatte, fand 1907 tatsächlich eine Preziose und brachte sie Stauch. Der kündigte seinen Job und avancierte zum Diamantenkönig.

Rasch baute man wenige Kilometer östlich des Städtchens Lüderitz mitten in der Wüste den schon bald 300 Einwohner zählenden Ort Kolmanskuppe. Die Minengesellschaft hielt ihre Mitarbeiter, in der Mehrheit Ingenieure und Manager, bei Laune, indem sie ein Casino und eine Kegelbahn baute. Das Trinkwasser kam aus dem

Löwen sind gesellige Großkatzen, die in kleinen Rudeln jagen. Das Niederreißen des Beutetiers erledigt zumeist die Löwin durch schnellen Prankenhieb und Kehlenbiss.

1000 Kilometer entfernten Kapstadt, und ein großes Kühlsystem garantierte jedem Haus täglich einen kostenlosen Eisblock.

100 Jahre später: Der Wind pfeift durch die fensterlosen Bauten, deren Fußböden mit Wüstensand bedeckt sind. Kolmanskuppe erinnert an eine *ghost town* im Wilden Westen, die ihre guten Tage längst hinter sich hat. Während der sechs Boomjahre bis zum Ausbruch des Ersten Weltkrieges förderte man mehr als fünf Millionen Karat Diamanten.

Dabei hatte man jahrhundertelang rein gar nichts von diesen Schätzen im Südwesten Afrikas wissen wollen. Auch nach den Landgängen der beiden Portugiesen Cão und Diaz interessierte sich kein Europäer für diese Felswüste. Die Öde schreckte alle ab. Doch da erreichte 1881 der erst 21-jährige Heinrich Vogelsang nach mehrmonatiger Schiffsreise die Bucht von Angra Pequena, von der er einen Landstreifen im Auftrage des Bremer Kaufmanns Adolf Lüderitz von Nama-Häuptling Josef Fredricks von Bethanien erwarb.

Beflügelt durch das schnelle Ergebnis wird knapp vier Monate später ein zweiter Vertrag geschlossen, der Lüderitz noch mehr Land beschert. Bereits 1885 verkauft Lüderitz Teile seines Grund und Bodens für eine halbe Million Mark an die Deutsche Colonial-Gesellschaft für Südwest-Afrika.

Der nach Adolf Lüderitz benannte Ort ist das wirtschaftliche und touristische Drehkreuz im und am Diamantensperrgebiet. Sein Wahrzeichen, die Felsenkirche, trägt ihren Namen zu Recht: Einsam steht sie über der Stadt auf felsigem Grund. Lüderitz ist viel stiller als Swakopmund; viel weniger Besucher kommen. Einen Besuch aber lohnt die Felsenstadt im Diamantenland allemal.

Durch die Kalahari zum Schicksalsberg der Herero

Namibias Ostgrenze folgt schnurgerade dem 20. Längengrad, bis sie nahe der Stadt Gobabis nach Osten abknickt, um sich gleich darauf bis zum Caprivizipfel an den 21. Längengrad zu schmiegen. Ähnlich unspektakulär ist das, was einem auf der Fahrt nach Norden begegnet: geradlinig verlaufende Zäune von Schafs- und Rinderfarmen und die weiten geschwungenen roten Dünenkämme der Kalahari.

Aus Sicht der Touristen liegt der Osten im Abseits. Und doch lohnt es sich, hier zu verweilen, so zum Beispiel auf der Kalahari Anib Lodge östlich von Mariental.

So wie viele andere Gästefarmen war auch diese noch vor Jahrzehnten eine Karakulfarm. Zur Blüte der Persianer Pelzmode während der 1950er und 1960er Jahre exportierten Südwest-Afrikas 4000 Karakulfarmer jährlich bis zu dreieinhalb Millionen der kleinen Felle hauptsächlich nach Deutschland. Der Einbruch kam um 1980, als die Proteste der Naturschützer kämpferischer wurden und Göttin Mode sich anders besann. Nach und nach wurden Karakulfarmen zu Gästefarmen.

Von den »Big Five«, den »großen Fünf« der Großwildjäger, ist vor Leopard, Löwe, Büffel und Nashorn der Elefant der allergrößte.

Die Kalahari Anib Lodge ist ein gutes Sprungbrett, um der jüngeren Geschichte Südwest-Afrikas zu begegnen, denn viele der kämpferischen Auseinandersetzungen fanden in Namibias Osten statt. Nordöstlich von hier floh auch das Herero-Volk nach der verlorenen Schlacht am Waterberg in Richtung Betschuanaland (heute Botswana). Dabei war der Beginn der beiderseitigen Beziehungen freundlich gewesen.

1873 übergibt Herero-Häuptling Kambasembi den ersten Weißen, zwei Missionaren der Rheinischen Mission, ein Schaf und eine Kuh als Gastgeschenk. Doch schon 20 Jahre später drängt die junge deutsche Kolonie die Herero, ihr Gebiete abzutreten. Schon sind geschäftstüchtige Händler zur Stelle, die gern mit den Herero Handel treiben. Wer allerdings bei ihnen nicht bar bezahlt, muss auch an sie Land herausgeben.

Das Fass läuft über. Oberhäuptling Samuel Maharero befiehlt: »Alle deutschen Männer sind zu töten. Nur ihre Frauen und Kinder, die Missionare, Engländer und Buren sollen verschont bleiben.« So beginnt der Herero-Aufstand.

Das Klima ist trocken, Niederschläge sind in den meisten Landesteilen (fast) unbekannt. Lediglich vereinzelte nordwestliche Winde bescheren dem sonnenverbrannten Land zwischen November und April Regen.

Am 10. August 1904 stehen sich Herero und Deutsche auf einer 40 Kilometer langen Front unmittelbar am Waterberg gegenüber: Gut 1600 Mann auf deutscher Seite. Die Zahl der Herero jenseits der 40 Kilometer breiten Front schätzt man auf 35 000 bis 60 000, Frauen und Kinder eingeschlossen. Das Gefecht tobt den ganzen 11. August 1904 über. Doch Maschinengewehren und Geschützen sind die Herero nicht gewachsen. Sie flüchten nach Osten, in ein als Omaheke bekanntes wasserloses Gebiet. Zehntausende kommen um.

Der Waterberg Plateau Park ist gut hundert Jahre später ein besuchenswertes Naturschutzgebiet mit 90 unterschiedlichen Säugetierarten. Geparden, Leoparden und Antilopen sind hier ebenso vertreten wie Giraffen, Büffel und Nashörner. Gräber mit eisernen Kreuzen und eine Gedenktafel für die getöteten Herero erinnern an die Tragödie vom Waterberg.

Windhoek – kleine Hauptstadt eines großen Landes

»Welcome to the City of Windhoek«, grüßt die offizielle Website der Stadt und schwärmt: »... the Heart of Namibia!« Das Herz Namibias ist Windhoek nicht nur wegen seiner zentralen Lage, sondern auch weil die wichtigsten Straßen wie Highway One und der Kalahari-Highway sich hier begegnen. Hier laufen die Schienen des Güterkraftverkehrsnetzes zusammen, und hier beginnt die Reise von Namibias beliebtestem Touristenzug, dem exklusiven Desert Express, nach Swakopmund. Und wie in jeder Landeshauptstadt sitzt man hier an der Schaltstelle von Politik, Geld, Wirtschaft und Macht. Mit gut 250 000 Einwohnern ist Windhoek mit Abstand Namibias größte Stadt, Tendenz stark steigend. Denn der Zuzug von monatlich einem halben Tausend Menschen aus dem bevölkerungsreichen Norden dauert an. Eine rasante Entwicklung, wenn man bedenkt, dass Windhoek 1903 nur 3800 Einwohner zählte.

Am schnellsten lernt man die Stadt aus der Luft kennen, auf einen Blick sozusagen, wobei man auch ihre Kessellage zwischen Khomas-Hochland, Eros- und Auas-Bergen erkennt. Eine hübsche und auch begehrte Lage. So sahen es bereits die frühen Ankömmlinge.

1840 ließ sich der Orlam-Führer Jan Jonker Afrikaner mit seinem Gefolge in Klein-Windhoek nieder. Es war eine Zeit relativen Friedens mit den benachbarten Herero in der Okahandja-Waterberg-Region. Und Händler importierten, was das Herz begehrte: »Jonkers Frau kleidete sich in Seide ... Aber dabei blieb es nicht. Auch der Branntwein der Händler sagte den Männern zu«, schrieb der Historiker Dr. Vedder. Jonkers Wohlstand und Einfluss schmolzen durch seinen zunehmenden Alkoholismus. Missionar Hahn notierte 1845: »Elberfeld (so nannten die Missionare Windhoek) sieht so vernachlässigt aus wie ein Weinberg, in den die wilden Säue gekommen sind.« Dass das bereits lange Geschichte ist, erkennt man beim Bummel durch Windhoeks Herz recht schnell. Am besten beginnt man an der Christuskirche.

Über dem überwiegend in neoromanischem Stil gehaltenen Kirchenbau erhebt sich der 42 Meter hohe Turmhelm. Die drei Bronzeglocken tragen die Aufschriften: »Ehre sei Gott in der Höhe«, »Friede auf Erden« und »Dem Menschen ein Wohlgefallen«. Die Fenster im Altarraum stiftete Kaiser Wilhelm II.

Neben der Christuskirche steht die blendend weiße »Alte Feste«, das erste Schutztruppenfort. Curt von François, der bei der Grundsteinlegung 1890 auch Dokumente und Münzen einmauerte, ist nicht nur Erbauer, sondern gilt auch als der Gründer von Windhoek. Festen Blicks schaute der versteinerte Hauptmann bis 1993 auf die nach ihm benannte Straße. Dann tauschte man eines Tages die alten Straßenschilder gegen neue aus. Seitdem heißt Windhoeks Ost-West-Achse Sam Nujoma Drive.

Windhoeks Hauptstraße aber ist ohne jede Frage die Independence Avenue, die bis zur Unabhängigkeit Kaiserstraße hieß. Auf ihr wird man in Richtung Downtown bummeln, bei den Souvenirverkäufern in der Post Street Mall verweilen, die ihre Holzmasken, hölzernen Löffel, Gabeln und Giraffen malerisch auf dem Straßenpflaster feilbieten.

Erlebenswert ist auch der Blick auf die Skyline Windhoeks von erhöhter Warte westlich des Hosea Kutako Drive aus. Beeindruckend präsentiert sich die Stadt von hier aus spät nachmittags, wenn sich das Abendlicht in den Fassaden dieser aufwärts strebenden Stadt spiegelt, zwischen denen die Türme der Katholischen Kathedrale wie ein freundlicher Gruß von gestern wirken.

Windhoek gilt als sauberste Stadt Afrikas, eine der friedlichsten und freundlichsten Städte ist sie ohnehin. Hier, im Herzen Namibias, wird die Reise beginnen und enden. Aber nur bis zum nächsten Mal, denn der Diamant von Afrika macht süchtig nach mehr ...

Wenn die Sonne hinter den Zweigen der Akazien versinkt, schärft sich am Himmel das Kreuz des Südens; die Nacht mit den tausend Geräuschen der Wildnis beginnt.

Geschichte

Entdecker, Deutsche Schutztruppe
und endlich Unabhängigkeit

Hauptmann von François stellte 1889 die bis dahin in »Südwest« unbekannten Dromedare in den Dienst der Schutztruppe.

Seit Erschaffung der Welt sind 6684 und seit der Geburt Christi 1484 Jahre verflossen, dass der erhabene Don Johann befohlen hat, durch Jacobus Canus, seinen Ritter, diese Säule hier errichten zu lassen«, ließ der portugiesische Entdecker Diego Cão 1486 auf ein steinernes Kreuz meißeln, das er nördlich von Swakopmund (heute Cape Cross) errichtete.

Obgleich menschliche Spuren in Namibia weit zurückreichen, weiß man wenig über die Bewohner, die Cão und später Bartolomeu Diaz bei ihren Landgängen heimlich beobachtet haben mögen; Buschmänner vielleicht, oder Damara. Es war etwa die Zeit, als die Ovambo und Herero erstmals vom östlichen Afrika nach Namibia zogen.

Europäer zeigten hier wenig Interesse. Der Handel mit Indien war viel attraktiver, neue Lebensräume und Märkte taten sich in Nordamerika, in Südafrika und auch Angola auf.

Erst 1723 überqueren Holländer vom Kap der Guten Hoffnung kommend den Orange River. Ein Menschenleben später ziehen die ersten Orlam-Nama (von den Buren in Südafrika als Hottentotten bezeichnet) nach Norden. Die Orlam, Mischlinge aus der Verbindung holländischer Kolonisten (Buren) und Nama-Frauen, lese- und schreibkundig und bestens mit Waffen vertraut, stoßen auf die Herero. 1840 lässt sich Orlam-Führer Jonker Afrikaner in der Region Windhoek nieder, doch bald schon gibt es Auseinandersetzungen zwischen ihm und den Herero. Immer mehr Stämme ziehen jetzt von Südafrika nach Namibia. Es ist eine Zeit des Zu- und Umzugs, der Abgrenzung voneinander und der Verteilungskämpfe. Großbritannien sichert sich noch schnell ein Schnäppchen und annektiert 1878 die Walvis Bay.

Fünf Jahre später kauft der erst 21-jährige Heinrich Vogelsang im Auftrag der Bremer Firma Lüderitz von Nama-Häuptling Josef Fredricks von Bethanien für 100 £-Sterling in Gold sowie 200 Gewehre einen Landstreifen von »Fünf Meilen« entlang der Angra Pequena Bay. Beflügelt durch den schnellen Erfolg wird knapp vier Monate später ein zweiter Vertrag geschlossen, und zwar über die »... ganze Küste vom Großen- (Groot) oder Orangefluss bis zum 26. Grad südlicher Breite mit Inbegriff aller Häfen und Baien, samt Hinterlande bis zu 20 geographischen Meilen landeinwärts ...«

Bereits 1884 weht an der Südwestküste Afrikas die Flagge des Deutschen Reiches. Die rasante nachfolgende Entwicklung schafft Fakten, die auch für das spätere Namibia gelten.

1890: Curt von François, ein Jahr zuvor mit der neu gegründeten Schutztruppe in der Walfischbucht an Land gegangen, errichtet die »Alte Feste« in Windhoek, er gilt als Stadtgründer. Doch Orlam-Kapitän Hendrik Witbooi erkennt die deutsche Herrschaft nicht an und schließt – trotz vorausgegangener Kriege – Frieden mit den Herero und überfällt mit 200 Mann Windhoek. Nach Gefechten im Naukluft-Gebiet kommt es zu Friedensverhandlungen mit Witbooi.

1897 leben bereits 3000 Weiße in Südwestafrika, davon 200 in Windhoek. Fünf Jahre später wird die Eisenbahnstrecke Swakopmund – Windhoek eröffnet. Doch da erheben sich die Herero gegen die Kolonialherren und töten innerhalb weniger Tage mehr als 120 Deutsche. Am 11. August 1904 stehen sich Herero und Deutsche Schutztruppe unter General von Trotha am Waterberg gegenüber. Nach nur einem Kampftag fliehen die Herero in Richtung des heutigen Botswana. Tausende verdursten. Die Schlacht am Waterberg setzt den vorläufigen Schlusspunkt unter die Auseinandersetzungen in Südwestafrika, Ruhe kehrt ein. Die Etosha-Pfanne wird zum Naturschutzgebiet erklärt, der Diamanten-Boom beginnt.

Doch mit alledem ist Schluss, als am 9. Juli 1915 die Schutztruppe bei Khorab vor südafrikanischen und britischen Truppen kapituliert. Südwestafrika wird nun als Mandatsgebiet des Völkerbundes von Südafrika verwaltet. Aber noch ist es ein langer Weg bis zur Unabhängigkeit. Als diese 1990 erfolgt, ruft Staatspräsident Sam Nujoma nach mehr als einhundert Jahren der Konfrontation zur Reconciliation, der nationalen Versöhnung, auf.

August Stauch, der »Diamantenkönig von Südwest«. 1908 entdeckte sein schwarzer Mitarbeiter Zacharias Lewala den ersten Diamanten in der Namib (ganz links oben).
Generalleutnant Lothar von Trotha schlug 1904 den Herero-Aufstand nieder (ganz links unten).
Orlam-Führer Hendrik Witbooi erkennt die deutsche Herrschaft nicht an und bekämpft die Schutztruppe (links oben).
Curt von François errichtet 1890 die »Alte Feste« und gilt als Stadtgründer von Windhoek (links unten).

Aus den Anfangstagen von Deutsch-Südwestafrika: beschaulich ging es hier in der Kaiserlichen Post von Otjiwarongo zu.

White
A 8 865

Aufeinandertreffen der Kulturen: Buschleute (San) von Namutoni (heute im Etosha National Park) posieren am Auto einer amerikanischen Expedition.

Buschmänner für die Jagd als Strauße getarnt. Das karge Land gab, was Mensch und Tier benötigten, vorausgesetzt, beide passten sich an (rechts). In der archaischen Gesellschaft der San jagte man mit Giftpfeilen und transportierte Wasser in Straußeneierschalen (ganz rechts).

Herero-Frau mit traditionellem Kopfschmuck, wie er vor der Ankunft der Weißen getragen wurde (ganz links).
Begegnung vor hundert Jahren mit Himba-Männern im nördlichen Kaokoveld. Die mit den Herero auch sprachlich verwandten Hirten gelten heute als die letzten echten Nomaden Namibias (links).

Jayta von Wolf im »Schloss« Duwisib, das Ehemann Hansheinrich von Wolf unweit der Namib als komfortables Farmhaus hatte errichten lassen. Von Wolf fiel im Ersten Weltkrieg, Duwisib ist heute eine Touristenattraktion.

Impressionen aus vergangenen Tagen. Die San beim Palaver. Doch bald schon waren sie Fremde im eigenen Land

Die Mitte

Tausend Gesichter einer jungen Nation

Eine Herero-Frau in Tsumeb in der typischen Tracht, bei der neben Weiß vor allem die Farben Grün und Rot dominieren.

In der Mitte Namibias schlägt sein Herz, und das ist nun mal Windhoek, die vergleichsweise kleine Hauptstadt dieses großen Landes, in dem es zu den nächsten Nachbarn immer ein weiter Weg ist. Aber das kennen Namibier ja. Wer Freunde in Katima Mulilo, im tropischen Caprivizipfel, besuchen will, wird rund zwei Tage mit dem Auto unterwegs sein. Und selbst die Anfahrt nach Lüderitz im Südwesten wird von Windhoek aus zur vollen Tagesreise.

Doch verweilen wir zunächst in der Mitte: Rund 90 Kilometer sind es bis zur Nachbarstadt Rehoboth im Süden. 1868 zogen die Nachkommen weißer südafrikanischer Buren und dunkelhäutiger Nama-Frauen unter der Führung ihres »Kapteins« Hermanus van Wyk aus der südafrikanischen Kapprovinz nach Norden und siedelten sich im heutigen Rehoboth an. Schon von der deutschen Kolonialverwaltung war ihnen ein teilautonomer Sonderstatus zugebilligt worden. Während der Kolonialherrschaft standen die Mischlinge (die »Baster« = Bastarde, die auf diese Bezeichnung stolz sind) überwiegend auf deutscher Seite und schlugen gemeinsam mit der Schutztruppe den Herero-Aufstand nieder. Viele der Baster sind hellhäutig und haben blonde Haare. Deutsch und holländisch klingende Familiennamen sind nicht ungewöhnlich.

1990, mit Namibias Unabhängigkeit und einem laut Verfassung einheitlichen Staatsgebiet, endete der autonome Sonderstatus dieser Volksgruppe. Die Baster genießen im Land einen guten Ruf als qualifizierte Handwerker, auf allen Baustellen sind sie zu finden, aber auch in Banken und im Handel.

Okahandja, ähnlich weit von Windhoek entfernt wie Rehoboth, liegt nördlich der Hauptstadt. Besonders während des farbenfrohen Herero-Tags im August, zieht Okahandja die Aufmerksamkeit auf sich. Hier biegt man ab, um zu den Nachbarn im westlich gelegenen Swakopmund (siehe S. 88–93) zu gelangen. Allerdings bietet diese Route nur wenige landschaftliche Glanzpunkte.

Ganz anders aber verhält es sich mit der etwas kürzeren Khomas-Hochlandstraße (C 28). Bereits kurz nach Passieren des Daan-Viljoen-Parks (siehe S. 273) endet der Asphalt, und eine grobe, stellenweise arg ausgefahrene Schotterpiste beginnt. Nach rund 140 Kilometern kurvenreicher Fahrt wird der Bosua Pass erreicht, von wo es steil bergab in Richtung Namib geht. Eine landschaftlich wunderschöne Fahrt durch den Namib-Naukluft-Park schließt sich an. Wenige Kilometer östlich von Swakopmund spürt man wieder Asphalt unter den Reifen.

Die »Mitte« Namibias ist kein klar definierter geografischer Begriff, gültige Grenzlinien gibt es nicht. Charakteristisch ist die Hochlage von etwa 1500 Metern. In den Auasbergen bei Windhoek ragt der Moltkeblick sogar 2479 Meter in den Himmel, nach dem Brandberg (siehe S. 80–86) ist er der zweithöchste Gipfel in Namibia. Nach Osten hin fällt das Plateau bis auf knapp 100 Meter Höhe zur Kalahari hin ab. Das Binnenhochland bedeckt rund 60 Prozent des Landes und bildet sein Rückgrat.

Die ersten Regenfälle im Januar überziehen das Hochland mit sattem Grün.

Friedliche Begegnung mit einem Nashorn an der Ongava Lodge (ganz links oben). Leoparden sind Einzelgänger. Ihre Beute besteht häufig aus Warzenschweinen und Antilopen, die sie oft im Sprung vom Baum mit einem Nackenbiss töten (links oben). Game Warden Friedrich Alpers kuschelt mit einer zahmen Antilope (links unten). Beim Cheetah Conservation Fund (Otjiwarongo) finden gefangene Geparden ein neues Zuhause (rechts unten).

Wachsame Giraffe in den malerisch erodierten Erongo-Bergen (rechts). Eine farbenprächtige Siedleragame am Brandberg beim morgendlichen Sonnenbad (ganz rechts).

Die Hautfarben sind so nuancenreich wie die Farben des Landes; Namibia ist ein Schmelztiegel vieler Ethnien und Kulturen.

Die größte Bevölkerungsgruppe stellen mit 50 Prozent die zur Bantusprachgruppe gehörenden Ovambo. Der Bevölkerungsanteil der Herero ist mit rund acht Prozent vergleichsweise gering.

Katutura – eine Stadt in der man jetzt wohnen kann

Für die Betroffenen war es ein traumatisches Erlebnis. Als sie sich der vom Apartheidregime angeordneten Zwangsumsiedlung widersetzten, eröffnete die Polizei das Feuer und erschoss 13 von ihnen. Es war der 10. Dezember 1959.
Ein halbes Jahrhundert später ist der 10. Dezember als »Tag der Menschenrechte« offizieller Feiertag in Namibia.
Was war geschehen? Für die von Südafrika gesteuerte Verwaltung war die nach und nach gewachsene Schwarzensiedlung »Alte Werft« am Stadtrand von Windhoek ein Schandfleck, der beseitigt werden musste. Am besten wäre es, die Menschen umzusiedeln. So kam es. Niemand fragte sie, sondern man übersiedelte sie zwangsweise weit vor die Tore der Stadt. Dort kennzeichnete man ihre neuen Häuser mit »D« für Damara, »N« für Nama, »O« für Ovambo und »H« für Herero.
Doch die Menschen hassten das, sie wollten zusammenleben, mit wem es ihnen gefiel, und sie nannten das Getto »Katutura«, was so viel bedeutet wie »Platz, an dem wir nicht wohnen wollen«.
Rund ein halbes Jahrhundert später: Etwa 100 000 schwarze Namibier leben heute in Katutura, Tendenz steigend. Es wirkt wie eine freundliche symbolische Geste, dass die Independence Avenue, die Straße der Unabhängigkeit, heute Menschen aller Hautfarben und aller Stadtteile miteinander verbindet.
Wo noch vor 15 Jahren Erdstraßen waren, von denen gelbliche Staubfahnen in die Gebäude krochen, ist jetzt Asphalt. Heute gibt es in Katutura Schulen, Kindergärten, Krankenhäuser, Postämter und dazwischen ansehnliche Wohnhäuser mit kleinen Läden. Kentucky Fried Chicken und McDonald's locken die Hungrigen nach amerikanischem Muster mit Hamburgern, Brathähnchen und Coke. Längst lehnen die Menschen hier die rasant gewachsene Stadt nicht mehr ab – auch wenn es noch vieles anzupacken gilt. Katutura hat seit der Unabhängigkeit die vielleicht dramatischste Entwicklung genommen, mit der eine afrikanische Stadt aufwarten kann. Im Positiven! Die »Stadt wider Willen« ist ein guter Platz, um in die vielen unterschiedlichen Gesichter Namibias zu schauen.

Einfache Gräber erinnern an die bei der Zwangsumsiedlung vom 10. Dezember 1959 Getöteten. Auch der spätere SWAPO-Rebellenführer und geachtete Präsident von Namibia, Sam Nujoma, gehörte 1959 zu den Protestlern.

IN MEMORY OF OUR
HEROES AND HEROINES
OF 10TH DECEMBER 1959
MARTYRS OF THE
NAMIBIAN REVOLUTION
HEROES AND HEROINES 10 DECEMBER 1959
MARTYRS OF OUR REVOLUTION

Kinder von Bastern (Mischlinge von Schwarzen und Weißen) in Rehoboth, einer Kleinstadt an der B 1 südlich von Windhoek.

Christie Bessinger wuchs in Khomasdal, einem Ort der »Coloureds« (der Farbigen) auf. Deutsch, sagt er, habe er daheim bei ›Mutti‹ gelernt (rechts oben). Souvenirverkäuferinnen in der Post Street Mall in Windhoek (ganz rechts oben). Ekipa-Knöpfe sind heute beliebte Andenken, früher trugen Ovambo-Frauen sie als Zeichen des Wohlstandes (rechts unten). Helmut Bleks gründete für farbige Kinder die Farmschule Baumgartsbrunn (ganz rechts unten).

Freundliche junge Guides führen Besucher heute gern nach Katutura, einer »Stadt, in der man jetzt wohnen kann«, wie sie bekennen.

Oberschüler in Windhoek während der Pause. Neben der Universität und mehreren Fachoberschulen ist die DHPS, die »Deutsche Höhere Privatschule«, eine Institution.

Der »Reiter von Südwest« erinnert vor der Alten Feste an die Toten des Herero-Aufstandes.

Blickfang Christuskirche: die Fenster im Altarraum des 1910 fertiggestellten Baus stiftete Kaiser Wilhelm II.

Windhoek Lager, ein herzhaftes Bier gebraut nach deutschem Reinheitsgebot (ganz links). Ein Tierpräparator wirbt vor Windhoeks Toren mit den Vettern der Bremer Stadtmusikanten (links).

Ein trockenes Land, in dem Softdrinks überall erhältlich sind. Für die Abendstunden am Lagerfeuer wird auch ein südafrikanisches Castle Lager geschätzt.

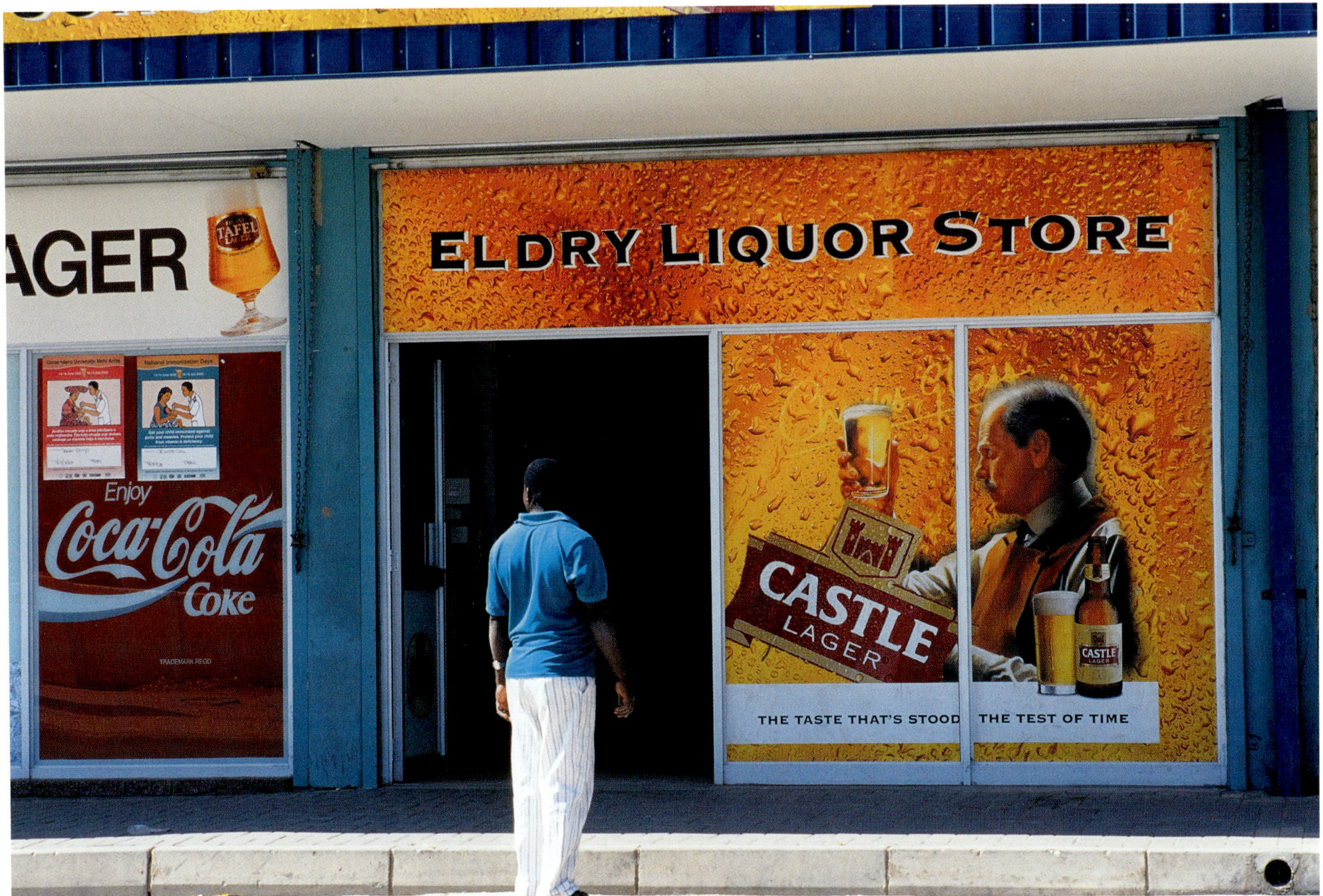
AGER
TAFEL LAGER
ELDRY LIQUOR STORE
Enjoy
Coca-Cola
Coke
TRADEMARK REGD
CASTLE
LAGER
THE TASTE THAT'S STOOD THE TEST OF TIME
CASTLE
LAGER

Schon die Anfahrt zu der 700 Meter über das Hochland hinausragenden Spitzkoppe ist ein Erlebnis. Wegen seiner markanten Form wird der Granitberg auch »Matterhorn Namibias« genannt.

Ein herzliches Willkommen am Spitzkoppe Community Tourist Camp, das den Menschen der Region Arbeit verschafft.

Vor 120 Millionen Jahren wurde hier Magma emporgepresst und erkaltete. Nachfolgende Erosionen trugen das weiche Deckmaterial ab und ließen den harten Magmakern namens »Spitzkoppe« zurück.

Mit 1728 Metern Höhe ist die Spitzkoppe eine echte Herausforderung für Kletterer. 1946 erfolgte die Erstbesteigung.

Kuscheltiere sehen eigentlich anders aus ... Lange wird sich Jung-Leopard Kiara nicht mehr von »Herrchen« im Arm halten lassen (ganz links oben). Einheimische bieten auf dem Spitzkoppe-Massiv Mineralien zum Kauf an (links oben). Leopard Kiara hat es sich im Geländewagen des Autors bequem gemacht (ganz links unten). Einfallsreichtum bei den Gästefarmen, und sei's auch nur beim Hinweisschild fürs stille Örtchen (links unten).

Auf die geselligen Webervögel und ihre kunstvoll geflochtenen Gemeinschaftsnester trifft man überall im Land.

Begegnung am Rand des Herero-Tags in Okahandja. Auch während der heißesten Zeit tragen die stattlichen Herero-Frauen ihre bodenlangen, mehrlagigen Kleider.

Die komfortable Anib Lodge östlich von Mariental ist ein gutes Sprungbrett für die Kalahari.

Zwischen den von der Hitze gebackenen rotbraunen Steinen des Brandbergs sprießt nach dem ersten Regen im Dezember unvermittelt frisches Grün.

Klettertouren im nahezu wasserlosen Brandberg-Massiv sind nur etwas für Ortskundige und Geübte. Da schon Menschen hier verdursteten, ist ein ortskundiger Tourguide unerlässlich (links). Mit dem Aufblühen in der Natur stellen sich auch am Brandberg die Heuschrecken ein (ganz rechts oben und unten).

Rock Art – das Vermächtnis vom Brandberg

Eine Ausstellung im ehemaligen Schutztruppenfort »Alte Feste« in Windhoek zeigt Bilder der jahrtausendealten namibischen Kunst.

Wenn im Januar nach der bleiernen Hitze der Trockenzeit endlich Regen auf das dürstende Land fällt, beginnt das Erwachen am Brandberg.

Dann geht ein Signal durch das Land: so als habe die Natur in all ihren Lebensformen auf diesen Moment gewartet, sprießen millionenfach Blüten aus dem Land. Dann säumen Namaqualand-Daisys wie ein orange-gelber Blütenteppich die Straßenränder, bedecken die Ufer der Riviere, der Trockenflüsse, die mit einmal voller Wasser und Leben sind. Rosa- und lilafarbene Buschmannkerzenblüten leuchten, wo noch vor Tagen rotgelber Staub die einzige Farbe war.

In solchen Zeiten geht ein Raunen durch die Natur, vom Wasser zu den

Pflanzen, von dort zu den Tieren, die nun die permanenten Wasserlöcher verlassen, um auf Wanderschaft und Partnersuche zu gehen. Denn in einem Land, das nur aus Wüste, nackten Felsgebirgen und riesigen Savannen besteht, bedeutet Wasser mehr als andernorts »Leben«.

Wasser, das sich am Brandberg länger als anderswo in natürlichen Bassins des Felsmassivs hält, bisweilen bis tief in die Trockenzeit hinein verfügbar bleibt, machte den Berg für unbekannte Felsmaler so attraktiv. Dieser im Morgenlicht so geheimnisvoll rotbraun schimmernde Felsklotz ist ein aufgeschlagenes Bilderbuch der Geschichte.

Es war wohl Neugierde, die den Landvermesser Reinhard Maack dazu getrieben hatte, systematisch nach Felsmalereien am Brandberg zu suchen. Am 4. Januar 1918 kroch er erschöpft in den Schatten einer überhängenden Höhlenöffnung – und entdeckte so die White Lady.

Versteckt hinter mächtigen Felsen, in der Nähe eines großen Wasserlochs, ahnt man heute das rund 40 Zentimeter hohe durch Metallgitter geschützte Felsbild mehr, als dass man es sieht. Fast alles um die White Lady ist Spekulation. Manche meinten, an ihr ägyptisch-mediterrane Stilelemente zu entdecken.

In den Höhlen des Brandberg-Massivs schufen prähistorische Künstler fast 1000 Fundstellen (rock art sites) mit mehr als 40 000 Einzeldarstellungen.

Was die Frage aufwarf, wie die alten Ägypter hierher gekommen sein sollen. Dass die »weiße Dame« ein Mann ist, ist heute allerdings unbestritten.

Dessen ungeachtet, wurde das Felsbild zum Aushängeschild für die »Buschmann«-Kunst des Brandbergs. Wobei niemand weiß, ob es wirklich die kleinwüchsigen Buschmänner waren, die sich hier während der letzten 4000 Jahre künstlerisch verewigten.

Doch Maack machte mit seiner Entdeckung nur den Anfang: Bis 1985 kopierte der Felsbildforscher Harald Pager acht Jahre lang an knapp 900 Fundstellen des Brandbergs rund 43 000 Figuren auf sechs Kilometer Folie – die größte Dokumentation von Felsbildern auf Erden.

Die Motive sind vielfältig, zumeist Tiere der Savanne: Springböcke, Zebras und Giraffen. Die abgebildeten Menschen scheinen allesamt unterwegs zu sein. Frauen tragen oft Körbe, Männer Pfeile und Bogen.

Ein weiteres namibisches Kleinod ist die Grotte Apollo 11 in den Huns-Bergen im Süden. Just als der Archäologe Wolfgang Erich Wendt hier bei Ausgrabungen saß, kehrte das Raumschiff Apollo 11 am 24. Juli 1969 nach der ersten erfolgreichen Mondbegehung seiner Besatzung aus dem All heim. Wendt gab der Höhle den Namen der Raumfähre. Er ahnte nicht, dass er mit seiner nächsten Entdeckung in der Apollo-11-Grotte ebenfalls »einen großen Schritt für die Menschheit« machen sollte. Die Höhle war rund 70 000 Jahre von Menschen genutzt worden. Das älteste Stück, die Abbildung eines Tierkörpers mit menschlichen Beinen hinten, hat nach der Radiokarbonmethode ein Alter zwischen 26 000 und 28 000 Jahren.

2573 Meter ragt der höchste Gipfel des Brandbergs, der Königstein, empor. Außerhalb der Regenzeit, während der Millionen von Blüten den roten Boden wie ein leuchtend gelber Teppich bedecken, ist die Region abweisend und lebensbedrohlich. Man sollte von Wanderungen auf eigene Faust absehen, denn es sind schon Menschen hier verdurstet. Zudem verträgt diese uralte Kulturstätte keine Besuchermassen. Die Bilder sind unersetzliche Zeugnisse der frühen Menschheitsgeschichte. Zum Glück sind sie in ihren schwer erreichbaren Höhlen fast so sicher wie in einem Safe.

Uns dienen die Felsmalereien heute als Dokumentation einer ansonsten nicht rekonstruierbaren Vergangenheit. Manche Forscher hielten lange Zeit die Felsbilder Namibias für eine Darstellung von Jagdriten oder für Glücksbringer, von Jägern vor der Jagd an die Wand gemalt. Doch viele Fragen blieben bei dieser Deutung offen. Zum Beispiel die nach der Vielfalt der übrigen Motive, die gar nichts mit Tieren oder Jagdszenen zu tun haben.

Über die hochgiftige Wüsten-Euphorbie hinweg (links im Bild) streift der Blick über das scheinbar tote Land am Fuße des Brandbergs.

Namibia lohnt zu jeder Jahreszeit eine Reise: im Winter (Juli) ist es klar und angenehm kühl, im Sommer (Januar) verwandelt sich selbst das steinige Damaraland in einen Blütenteppich.

Das Sandsurfen mit gewachsten Brettern in den Dünen bei Swakopmund will gekonnt sein.

Das Zugpersonal vom Desert Express zeigt seinen Passagieren, dass Namibier beim Rodeln auch gut ohne Schnee auskommen.

Während die Sonne über der Buschsavanne versinkt, rüsten die Gäste im Desert Express sich zum Dinner im Welwitschia-Restaurant.

Wer mit diesem Zug durch die Wüste rollt, tut es nicht, weil er es eilig hat. Zwischendurch wird ein kühler Drink in der »Spitzkoppe-Lounge« serviert.

96 Jahre nachdem die Bahnlinie Swakopmund – Windhoek fertiggestellt war und der erste Personenzug durch Deutsch-Südwestafrika rollte, dröhnten erneut 1998 erwartungsvoll die schweren Maschinen vom Typ Cooper und Bassimer-V 12, als sich der Desert Express von Windhoek nach Swakopmund in Bewegung setzte.

Mit den Gastgebern abends beim traditionellen *braai* am Lagerfeuer zu sitzen, den Geschichten, Mythen und Sagen aus dem Land zu lauschen und von den Nöten und Schönheiten des Lebens hier zu hören, gehört sicher zu den Highlights einer Namibiareise.

Im ganzen Land findet man reizvolle Gästefarmen. Was zunächst als Zubrot nach dem Rückgang der Karakulschafzucht gedacht war, mauserte sich längst zu einem wichtigen touristischen Angebot.

Der Norden

Zwischen der Skelettküste
und den Tropen

Im Norden schaut man vor allem in die Gesichter der Ovambo, Himba, Kavango, der Caprivianer und San.

Der Norden ist steinreich«, sagte mir schmunzelnd ein Namibiakenner und tippte mit dem Finger auf die Landkarte. Dann setzte er hinzu: »Besonders ›steinreich‹ ist das Damaraland.« – Geröllwüste, so weit das Auge reicht. Es scheint, als bestünde das Damaraland aus Millionen malerisch zerbröselter und erodierter Berge.

Obwohl nicht allzu weit vom touristischen Dreieck Windhoek–Otjiwarongo–Swakopmund entfernt, empfiehlt sich diese Region als wildromantisches Ausflugsziel.

Den Begriff »Damaraland« findet man heute nur noch selten auf den Karten. Seit der Unabhängigkeit ist das Damaraland in den Regionen Erongo und Kunene aufgegangen. Und doch überlebte der alte Begriff im Sprachgebrauch, obwohl er unter der Apartheid entstanden ist. Denn 1964 legte die Odendaal-Kommission die äußeren Grenzen des Damara Homeland fest, das dem Volk der Damara als Lebensraum zugewiesen werden sollte. Allgemein wird als südliche Begrenzung des Damaralandes die Straße B 2 (Okahandja – Swakopmund), als nördliche Grenze, zum Kaokoveld hin, der Hoanib River angesehen. Der Hauptort ist Khorixas.

Der Nordwesten Namibias erschließt sich insbesondere dem Geländewagenfahrer. Erfahrene und gut ausgerüstete Allrad-Piloten zieht es weiter ins Kaokoveld, auch Kaokoland genannt.

Im Norden wird es begrenzt durch den Kunene River, im Westen durch den Skelettküstenpark (siehe S. 278), im Osten durch die Etosha-Pfanne und das Ovamboland und im Süden durch das Damaraland. Die wenigen Straßen hier sind grobe Reifenkiller, sie verlangen fahrerisches Können, beste Orientierung und sorgfältige Planung. Denn Tankstellen sind rar, genauso wie Werkstätten.

Mit rund 49 000 Quadratkilometern (ohne Skelettküstenpark) ist das Kaokoveld etwa so groß wie das Bundesland Niedersachsen. Von den etwa 17 000 Menschen hier zählen etwa 7000 zum Stamm der Himba.

Die Tiervielfalt in dem bergigen Land (2039 Meter hoch ist die höchste Erhebung in den Baynes Mountains) ist groß: Unter anderem leben hier Giraffen, Leoparden, Spitzmaulnashörner, Löwen, Springböcke, Oryxantilopen und die legendären Wüstenelefanten der Namib.

Eine leicht zugängliche Reisedestination für jedermann hingegen ist der Etosha National Park (siehe S. 130), eins der letzten großen Tierparadiese Afrikas. In ein ganz anderes Gesicht des Nordens aber schaut man, wenn man den satt-grünen Caprivizipfel erreicht.

Caprivi (siehe S. 112–115) liegt ziemlich genau zwischen Kapstadt und Äquator und etwa auf halber Strecke zwischen Atlantik und Indischem Ozean. Die Region ist tropisch grün, die Niederschläge sind die höchsten im Land. Lange Zeit war das abgelegene Terrain unzugänglich und unerschlossen, doch die touristische Infrastruktur verbessert sich von Jahr zu Jahr. Nationalparks entstanden, um den großen Tierreichtum zu schützen, und sehr komfortable Lodges sprießen wie Pilze nach einem tropischen Regen aus dem Boden.

Ein weiter Himmel wölbt sich über der monumentalen Landschaft zwischen Damaraland und Kaokoveld.

Wenn die späte Nachmittagssonne den Basaltsäulen der »Organ Pipes« scharfe Reliefstrukturen verleiht, präsentiert sich dieses Naturwunder am eindrucksvollsten.

Hinkelsteinsammler Obelix hätte hier seine Freude: Wie sorgsam zusammen gesetzte Puzzle wirken die rot leuchtenden Granitberge im Damaraland.

Aufgeregtes Geflatter, wenn man der Webervogelkolonie zu nahe kommt. Die Gemeinschaftsnester werden von den Männchen zumeist am Ende glatter Äste gebaut. Da sind die Vögel vor Schlangen einigermaßen sicher.

Der Moringabaum ist ein Weltbürger. Man findet ihn auch in Indien, auf der Arabischen Halbinsel und am Rand der Etosha-Pfanne.

Die komfortable Palmwag Lodge mit Makalani-Palmen und Pools ist für Reisende ins Kaokoveld die letzte Oase vor der Steinwüste.

Im Otjikoto-See versenkte die Deutsche Schutztruppe nach ihrer Kapitulation am 9. Juli 1915 mehrere Kanonen. Einige wurden geborgen und stehen heute im Museum von Tsumeb.

Der Kaffernbüffel gilt unter Großwildjägern als eins der gefährlichsten Wildtiere. Das Picken des kleinen Madenhackers hingegen lässt der Bulle genussvoll zu.

Die riesigen Omajova-Pilze wachsen am Rand von Termitenhügeln. Mensch und Tier haben sie gleichermaßen »zum Fressen gern«.

Die archaische Lebensform der Buschleute hat im heutigen Afrika kaum eine Zukunftsperspektive. Nur wenige San leben noch das entbehrungsreiche Leben ihrer Vorfahren.

Ein Sonnenuntergang ist hier schöner als der andere. Flammendes Rot überflutet das Land, wenn der Feuerball in den Dunst über den tropischen Wäldern taucht.

Strauße sind bis zu 70 Stundenkilometer schnell, können nicht fliegen, und ihr Ei wiegt etwa ein Kilogramm. Dass es lecker schmeckt, wird man in einem lokalen Restaurant bald herausfinden.

Zur Regenzeit verteilen sich die Elefanten über den ganzen Caprivizipfel, während der Dürre findet man sie in der Nähe von Wasserlöchern und Flüssen.

So mögen es Flusspferde am liebsten; entspanntes Dösen im Kwando River. Doch Vorsicht: »Hippos« können äußerst gefährlich werden!

Im Lizauli Village, einem Caprivi-Buschdorf mit einheimischen Akteuren, wird anschaulich und auf natürliche Weise das Leben im Busch dargestellt. Man schaut dem Medizinmann bei seinen Praktiken zu, sieht Frauen beim Mais stampfen und beobachtet Handwerker beim Herstellen von Fischreusen. Die beliebte Lianshulu Lodge befindet sich ganz in der Nähe.

Solch traditionelle Bilder sind alltäglich im Caprivizipfel. Modernes Leben wie in Windhoek oder Swakopmund ist noch in weiter Ferne.

Zielgerade in die Tropen – eine Reise nach Caprivi

»Eigentlich suchten meine Frau und ich damals nur einen romantischen Fleck am Fluss für ein Wochenendhaus«, bekennt Geschäftsmann Wynand Peypers aus Grootfontein. Doch als die Nachfrage nach Unterkünften in der Region Rundu stieg, baute er kurzerhand die reizvoll gelegene n'Kwasi Lodge. Auf der gegenüberliegenden nördlichen Flussseite beginnt bereits Angola.

Der Mann am Straßenrand sprang von seinem Schattenplatz unter der Akazie auf, ergriff hastig das Spielzeugauto und winkte geschäftstüchtig dem vorbeibrausenden Besucher zu. Der aus hartem Tropenholz geschnitzte Jeep hatte Räder aus gebogenem Draht, aus gleichem Material war das Lenkrad.

Als der Besucher später an einer Tankstelle stoppte und aus dem Wagen stieg, schlich ein zierlicher, hagerer Junge mit nackten Füßen über Öl und Staub, und streckte ihm die gebogenen Finger seiner rechten Hand entgegen. »Bushman, bushman ...!«, murmelte er, als sei das der Geheimcode, um des Fremden Geldbeutel zu öffnen.

Bis zum Ende der 1950er Jahre lebten die Kxoe-Buschmänner in Caprivi. Dann proklamierte man

dort den Wildpark, die Buschmänner mussten den Tieren weichen. Die meisten Verbliebenen gingen freiwillig während der Unabhängigkeitskämpfe weg, der Rest vegetiert heute am Rande der Gesellschaft.

Die Reise nach Caprivi beginnt in Grootfontein. Schnurgerade zieht sich von dort die breit ausgebaute Straße D8 nach Norden hin. Die Südafrikaner bauten sie einst als militärischen Aufmarschweg für die Auseinandersetzung mit den Rebellen, den Freiheitskämpfern. Für heutige Touristen ist sie die Zielgerade in die Tropen.

Der *disease control fence,* der das Eindringen von Seuchen aus dem »wilden« Norden in das südliche Farmland verhindern soll, verläuft 130 Kilometer nordwestlich von Grootfontein quer durch Namibia.

Dieser mächtige Seuchenzaun aber bildet auch noch eine andere Zäsur: Der Süden Namibias bleibt zurück – Schwarzafrika beginnt, mit einem halben Dutzend mit Ried gedeckter Holzhütten aus armdicken Pfählen und Kindern am Straßenrand, die sich mit Spielzeugautos aus gebogenem Draht vergnügen.

Nach der Unabhängigkeit 1990 schossen auch in Namibias Norden

Lodges, Gästefarmen und Hotels wie Pilze aus dem Boden. Wynand Peypers war einer von denen, die die Gunst der Stunde erkannten. Er baute am Ufer des Kwando seine n'Kwasi Lodge. Das letzte Stück zu der etwa 20 Kilometer östlich von Rundu gelegenen lauschigen Unterkunft führt über staubige Wege. Und dann steht man vor Hütten, deren mit Schilf bedeckte Dächer fast bis auf den Boden reichen. Nach dem Dinner klingen Lieder der schwarzen Hausmädchen wie akustische »Sundowner« durch die Lodge. Danach kehrt wohltuende Stille ein, in der sich gelegentlich Tierstimmen zu Wort melden.

Das Wasser macht Caprivi zu einer der außergewöhnlichsten Reisedestinationen. Von fünf ganzjährig Wasser führenden Flüssen befinden sich drei hier: Okavango, Kwando und Sambesi. In regenreichen Jahren

überfluten sie große Landesteile und bilden den Liambezi-See.

Malerisch an einem Arm des Kwando River liegt die exklusive Lianshulu Lodge. Einen Steinwurf entfernt gluckst träge der nur 50 Meter breite, rast- und ruhelose Fluss, der die Freiheit liebt, der immer wieder sein Flussbett umgräbt und verändert. Zu den Attraktionen der Lodge gehören die Bootsausflüge zu den Flusspferden. Früh am Morgen geht es los. Aufgeregt zeigt der Guide auf eine seichte Stelle des Kwando, an der sich eine Großfamilie von mehr als 30 dieser Kolosse tummelt. Hauptsächlich sind es weibliche Tiere mit ihren Jungen und ein paar Bullen. Gelegentlich greifen Flusspferde Einheimische in ihren Mokoros, den Einbäumen, an. An diesem Tag aber verharren Kwando und Flusspferde gleichermaßen in paradiesischer Schläfrigkeit.

Abends beim südafrikanischen Rotwein wird man an der gut bestückten Bar dem Kreischen der Vögel lauschen und wieder mal das Gefühl genießen, »wahres Afrika« zu erleben. So wahr wie auf der Weiterreise das Bild von Katima Mulilos Markt, wo allgemeiner Wohlstand noch lange auf sich warten lassen wird. Wo junge Gesichter dominieren. Wo Mütter ihre Kinder Wasser aus Blechnäpfen trinken lassen.

Vieles ist anders hier, auch, dass in Namibias Norden die Bevölkerungsspirale sich schneller dreht als anderswo.

Reichliche Niederschläge sorgen während der Regenzeit im Norden für eine üppige Flora. Die Luft ist satt und schwer. Morgens lärmen hundertfach Vögel; tirilieren, gurren, schnalzen, krakeelen. Das letzte, was man hier benötigt, ist ein Reisewecker.

Gleich wird Tourguide Collin von der Lianshulu Lodge (im Mudumu National Park) die Gäste einsteigen lassen und mit ihnen auf Flusspferdsafari fahren.

Der Osten Caprivis ist von Flüssen (etwa Sambesi, Kwando und Chobe) umschlossen. Dazwischen liegen Seen und Sümpfe: die Heimat einer Vielzahl von Tieren, die hier optimale Lebensbedingungen finden.

Der kleine Perlkauz hat seine Baumhöhle verlassen und beäugt wachsam den Besucher.

Anders als im Süden und in der Mitte Namibias sind Kinder im bevölkerungsreichen tropischen Norden allgegenwärtig.

KESSLER

Die Früchte des mächtigen Baobabbaumes werden gern von Pavianen gefressen. Vermutlich ist die deutsche Bezeichnung »Affenbrotbaum« darauf zurückzuführen.

Die »Hubschrauber-Konstrukteure« an der Straße von Rundu nach Katima Mulilo freuen sich über jeden verkauften Helikopter.

Ein Steppenzebra beobachtet wachsam das Umfeld, während seine Artgenossen friedlich grasen.

Während die selten gewordenen Bergzebras u. a. in den Erongo-Bergen anzutreffen sind, bevölkern große Steppenzebraherden den Etosha National Park.

Meister der Anpassung in einem oft lebensfeindlichen Habitat: der Spießbock, auch Oryxantilope oder Gemsbok genannt (rechts oben). Die größte afrikanische Katze ist der Löwe (ganz rechts oben). Löwinnen nach erfolgreicher Jagd bei der Siesta. Ein großer Löwe verschlingt rund 20 Kilogramm Fleisch nach einem Riss (rechts unten). Der wachsame Strauß wird bis zu 150 Kilogramm schwer (ganz rechts unten).

Die Wildnis ruft – Etosha

Elefanten sind Etoshas Stolz. Doch der Bau eines 850 Kilometer langen Parkzauns und mehrerer Straßen unterbrachen uralte Wanderrouten zu den Wasserstellen im Norden. Die Parkverwaltung reagierte und bohrte Wasserlöcher.

Was der Denali-Nationalpark für Alaska ist und der Yellowstone für den Westen der USA, das ist Etosha für Namibia. Er ist eins der letzten großen Naturparadiese, vergleichbar mit der Serengeti in Tansania. Auf einer Fläche so groß wie Hessen tummeln sich hier rund 50 000 Tiere: vom fünf Tonnen schweren Elefanten bis hin zum Dik Dik, das mit nur fünf Kilogramm ein Leichtgewicht darstellt. Damit das so bleibt, mischen die Bediensteten der Nationalparkverwaltung kräftig mit. Um das 22 270 Quadratkilometer große Naturschutzgebiet in Balance zu halten, wird auch schon mal Löwinnen die Antibabypille verordnet. Der Grund: Noch in den 1960er Jahren gab es 25 000 Gnus im Park, 30 Jahre später nur noch 2500 ... Damit fehlte den Löwen die Beute. Viele verließen daraufhin den Park, wurden jedoch draußen schon bald von Jägern abgeschossen. Also pflanzte man betäubten Löwinnen Hormonregler unter die Haut und praktizierte eine dem Nahrungsangebot angepasste Geburtenkontrolle. Auch der Bestand der knapp 1500 Elefanten wird reguliert. Mit einer Schulterhöhe von vier Metern gehören sie zu den größten auf dem Kontinent. Dabei sieht man großzügig darüber hinweg, dass ihre Stoßzähne wegen eines unzureichenden Mineralienangebots eher klein sind.

Etosha bedeutet »großer weißer Platz«. Das Herzstück ist die zumeist wasserlose Etosha-Pfanne. 1907 als »Tierreservat Nummer zwei« von der deutschen Kolonialverwaltung gegründet, maß der Nationalpark ursprünglich 93 240 Quadratkilometer – und war damit gut zweimal so groß wie die Schweiz. Den Aderlass brachte der von der südafrikanischen Apartheidregierung entwickelte Odendaal-Plan, der große Areale zu »Homelands« für die schwarze Bevölkerung erklärte.

134 Kilometer sind es zwischen den beiden Parkzentren Namutoni und Okaukuejo, dem Camp mit dem berühmten Wasserloch für Tierbeobachtungen (romantisch im Lampenschein bei Nacht), während Namutoni mit seinem weiß leuchtenden Schutztruppen-Fort (heute Hotel) Bekanntheit erlangt hat. Zwischen beiden befinden sich zahlreiche Wasserlöcher und mehrere als Drives bezeichnete Tierbeobachtungs-Rundkurse.

Das abends illuminierte Wasserloch von Okaukuejo ist einer der besten Plätze, um das erstaunliche Sozialverhalten der Elefanten zu belauschen.

»Großer weißer Platz« bedeutet der Name der Etosha-Pfanne in der Ovambo-Sprache. In sehr seltenen Fällen füllt sich die stark salzhaltige Pfanne mit Wasser, dann stellen sich – neben anderen Parktieren – auch Tausende Flamingos ein.

Symphonie in Rotbraun. Extrem geringe Niederschläge lassen hier pflanzliches Leben kaum zu, die an einen Kaktus erinnernde Wüsten-Euphorbie überlebt trotzdem.

Hier zu reisen ist ein Privileg: Damit die fragile Landschaft so unversehrt bleibt, sollten die *pads*, die Fahrspuren früherer Fahrzeuge, keinesfalls verlassen werden.

Die Himba, ein sprachlich mit den Herero verwandtes Hirtenvolk im Kaokoveld, gelten als die letzten echten Nomaden Namibias.

Rund 7000 Himba überleben traditionell als Viehzüchter, Jäger und Sammler. Mit dem Vordringen des Tourismus erschließen sich ihnen jetzt auch andere Einnahmequellen.

Karg und doch majestätisch sind die Hartmannberge an der Grenze zu Angola.

Der fast 1000 Kilometer lange Kunene River markiert Namibias Nordgrenze.

Exkursion auf dem hier unberührten Kunene River. Weiter östlich treiben seine Wasser die Turbinen des Ruacana-Kraftwerks an.

Krokodile sind zumeist hungrig und auf kurze Distanz extrem schnell. Ein Bad im Kunene River ist also sehr ungesund ...

Namibias nordwestliches Grenzgebiet ist ein Safari-Dorado für gut ausgerüstete Individualisten.

Der Mensch wird klein in dieser Wüste: entlang dem zumeist trockenen Marienfluss führt eine schmale Piste nach Norden.

Unterwegs mit dem bewährten Tourunternehmer
»Skeleton Coast Safari«: Abenteuer mit 5-Sterne-Komfort.

Natur als Künstler: heiße Winde der Trockenzeit, brutale Sandstürme und seltene, aber heftige Regenfälle schufen Felsformationen wie kein Bildhauer sie einfallsreicher und formschöner hätte modellieren können.

Wüstenelefant im zumeist trockenen Bett des Hoarusib Riviers. Um zum Wasser zu gelangen, legt er oft bis zu 100 Kilometer zurück.

Der Skelettküstenpark steht unter Naturschutz und kann nur mit speziell lizenzierten Tourunterneh-mern bereist werden.

Der kalte und nährstoffreiche Benguelastrom ist auch ein Schlaraffenland für Fische, Krabben und Krebse.

So wie am Cape Cross bei Swakopmund versammeln sich auch am neblig-kalten Cape Frio an der nördlichen Skelettküste Zehntausende von Pelzrobben.

Die Dramen, die sich hier abspielten und ihre Unwirtlichkeit brachten der Gegend den Namen »Skelettküste« ein. Schiffstragödien sind aber selten geworden. Heute kommen Besucher aus anderen Gründen. Der Reichtum der Skeleton Coast ist ihre Unberührtheit.

Die durch den eiskalten Benguelastrom hervorgerufenen Nebel verschafften Schiffen wie »Dunedin Star« und »Sir Charles Elliott« ein nasses Grab.

Die Skeleton Coast aus der Vogelperspektive: Vor langer Zeit entdeckte man hier zwölf kopflose Skelette. Zwischen den gebleichten Fingerknochen des einen steckte ein Zettel mit der Nachricht: »Ich mache mich auf, einen Fluss nördlich von hier zu suchen ...« Der Schreiber kam nie an.

Rosarote Farbtupfer bei Walvis Bay. Auch die geselligen Flamingos lockt das gute Nahrungsangebot in die Lagunen entlang der Küste.

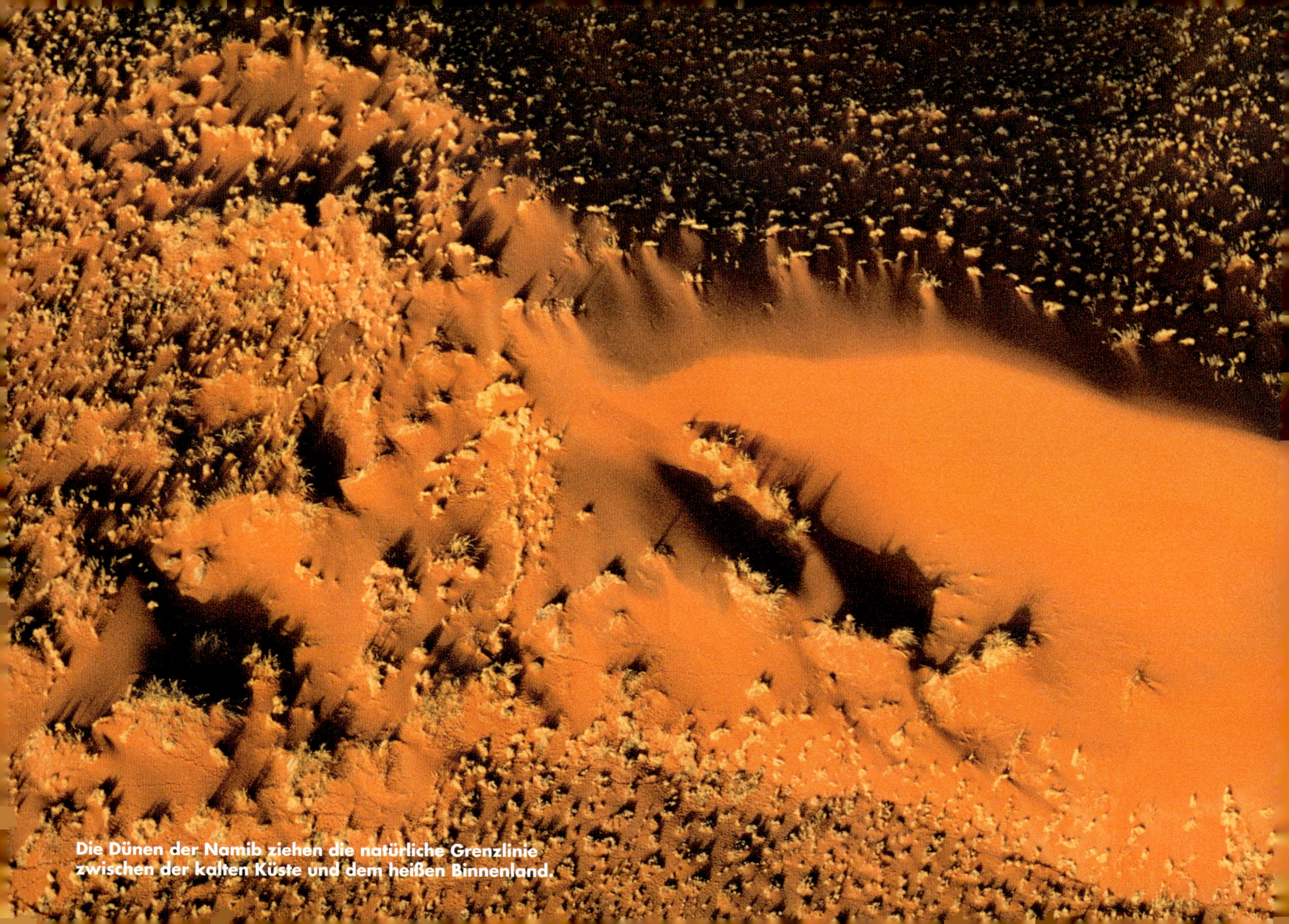

Die Dünen der Namib ziehen die natürliche Grenzlinie zwischen der kalten Küste und dem heißen Binnenland.

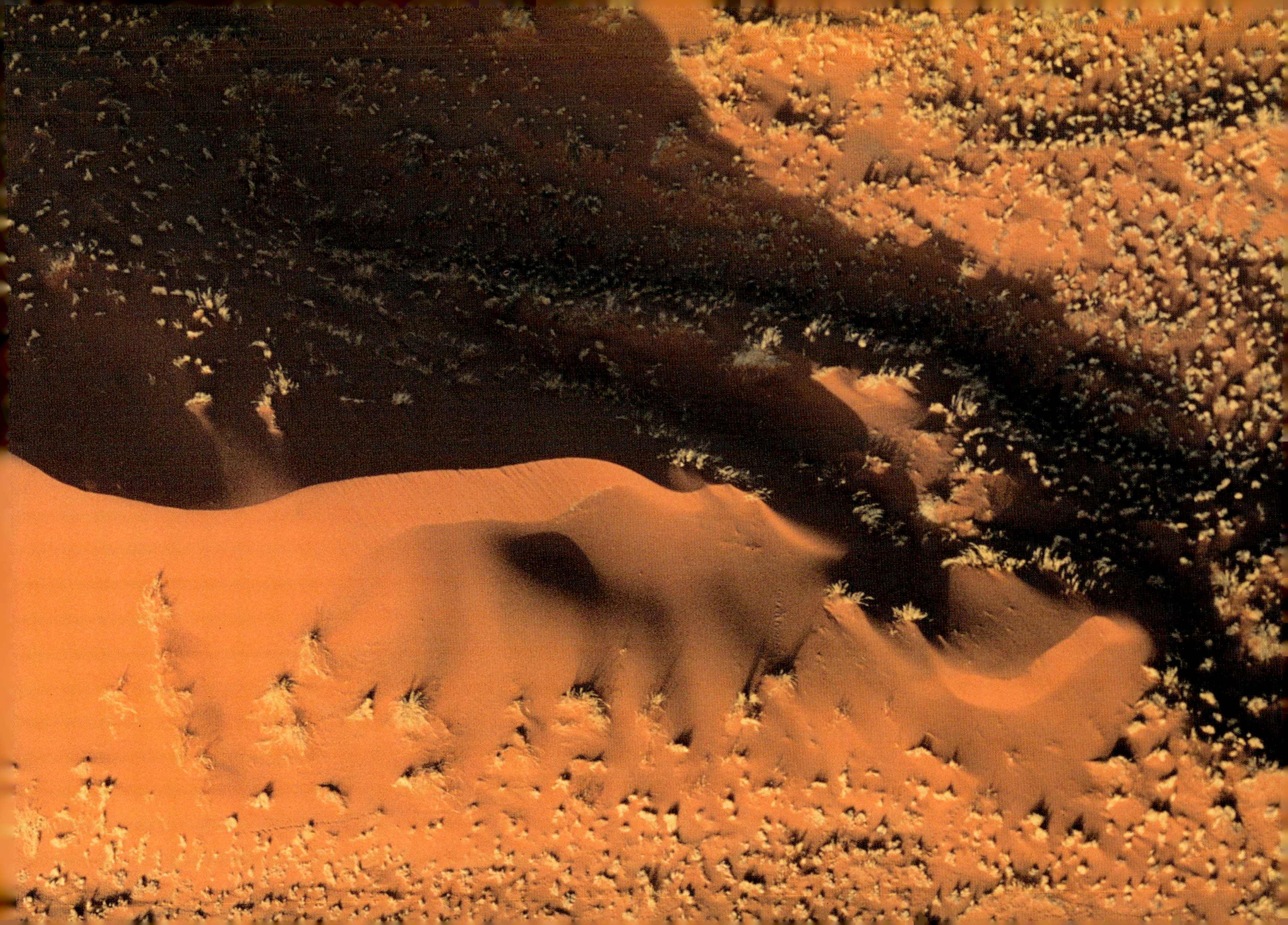

Der Westen

Koloniale Puppenstube und Bilderbuchwüste

Pelikane warten im Hafen von Walvis Bay auf das, was die Fischer ihnen vom Fang übriglassen.

Namibias Westen erstreckt sich vom Kunene River im Norden bis zum Orange River im Süden. Ein Großteil des Westens wird von der Namib bedeckt; eine ausgedehnte subtropische Wüste, die über 1500 Kilometer von Südafrika bis Angola reicht. Der kalte, sehr fischreiche Benguela-Strom prägt die fast vegetationslose und extrem niederschlagsarme Wüste (10 bis 20 Millimeter Niederschlag pro Jahr), die mit einer Breite von 80 und 130 Kilometern allmählich zum Inland hin ansteigt.

Und doch entdeckt man im kargen und auf den ersten Blick abweisend öden Westen Schätze der ganz besonderen Art: Diamanten zum Beispiel, die es hier in großen Mengen gibt. 1908 fand man den ersten. Bis heute ist die Diamantenindustrie ein wichtiges wirtschaftliches Standbein des Landes. Mit den Namib-Naukluft- und Skelettküsten-Parks (siehe S. 151ff. und 176ff.) befinden sich im Westen allerdings auch einige der ganz außergewöhnlichen Natur-Highlights Afrikas.

Und doch schienen die Menschen den Westen zu meiden. Zwischen der Mündung des Orange River in den Atlantik und der angolanischen Grenze gibt es, abgesehen von einigen Siedlungen, nur drei Städte: Lüderitz, Walvis Bay und Swakopmund. Sie unterscheiden sich sehr, und alle drei sind unbedingt besuchenswert.

Eine der schönsten Reisen gen Westen ist die Fahrt mit dem Desert Express. In ihm wird der Weg zum Ziel. Die Reise in dem Luxuszug mit dem Service eines 5-Sterne-Hotels beginnt in Windhoek. Für die 375 Kilometer lange Strecke nach Swakopmund benötigt der Desert Express inklusive aller Stopps rund 20 Stunden. Wenn Lokführer und Gäste es wollten, könnte es natürlich schneller gehen. Aber wer will das schon ...

Die Gäste sitzen im rollenden Welwitschia-Restaurant vor reich gedeckten Tischen und genießen, was der Chefkoch in den »Potji« zaubert, den traditionellen afrikanischen Kochtopf: Oryxgulasch auf Rotwein mit zartem Gemüse.

Der Desert Express bummelt jetzt durch die anbrechende Nacht. Für kurze Zeit brennt die Savanne im Sonnenuntergangstaumel blutrot. Eine Oryxantilope kreuzt in aller Seelenruhe die Schienen. Kudus verharren neben der Piste. Akazien und Kameldornbäume wiegen sich leicht im Zugwind. In Okahandja ändert der Desert Express seine Richtung, schwenkt nach Westen ein. Karibib, Usakos huschen draußen lautlos vorbei. Morgens, während die Küstennebel noch über dem Land lasten, hält er bereits in der Wüste. Ein weiterer Höhepunkt, der Ausflug zu 50 Meter hohen Namibdünen, folgt.

Einige der jungen Stewarts und Stewardessen haben ihre schmucke Uniform gegen Freizeitdress und Surfboard getauscht. Und während die Sonne den letzten Morgentau von den Namib-Dünen schlürft, brettern sie unter dem Applaus der Gäste im Affenzahn die Dünenkämme runter. Das Horn der Lok dröhnt, das Ziel der Reise ist nun eine halbe Stunde entfernt: Swakopmund – die Hauptstadt der Beschaulichkeit ist erreicht.

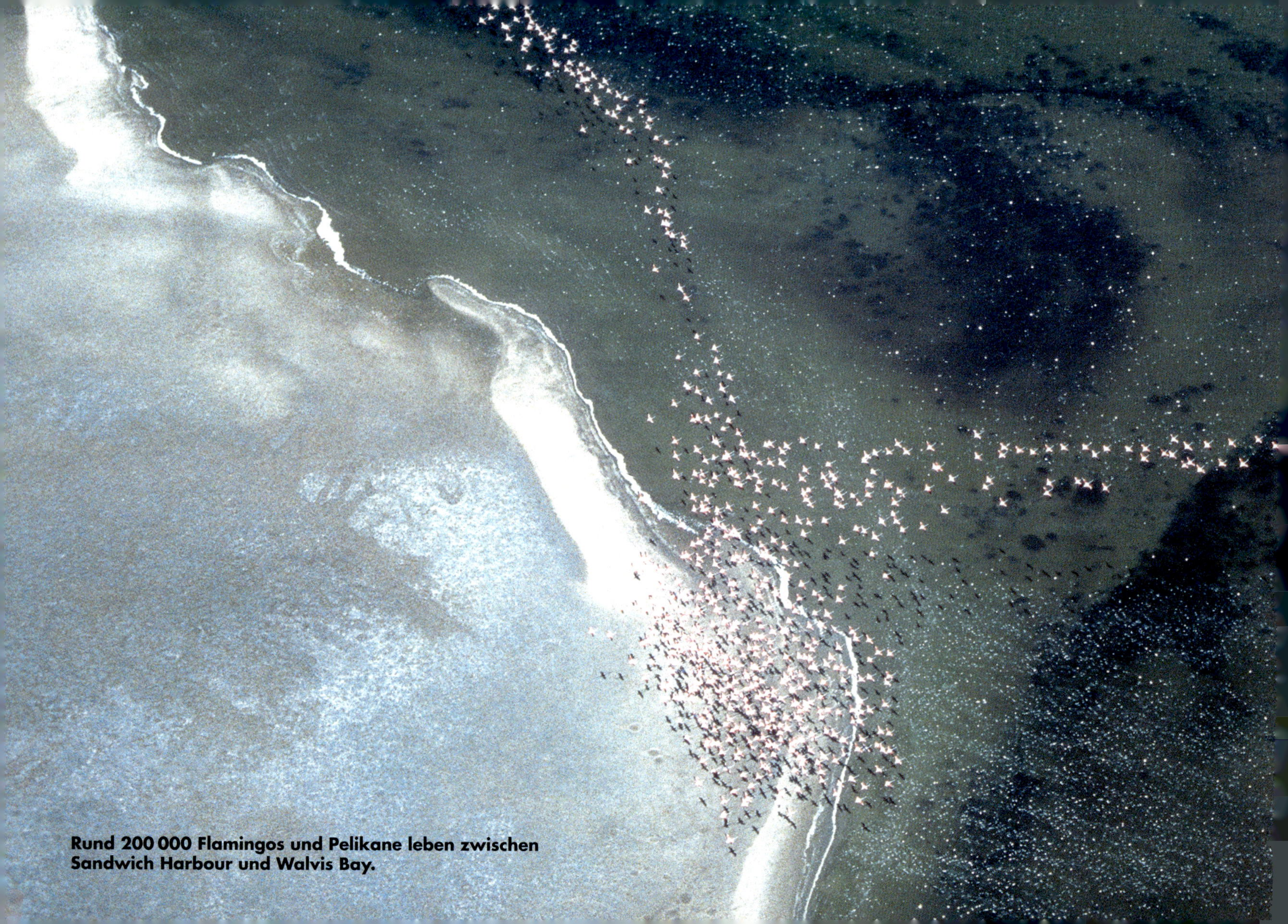

Rund 200 000 Flamingos und Pelikane leben zwischen Sandwich Harbour und Walvis Bay.

Ein Phänomen der Namib sind ihre »Singenden Dünen«. Wer ihre Hänge mit dem Auto oder dem eigenen Körper hinuntergleitet, hört geheimnisvolle »Brumm- und Orgelgeräusche«.

Nur ein kurzer Ausflug ist es von Swakopmund zum Vogelfederberg, an dem Picknicktische und Campingplätze zum Verweilen einladen.

Seit Walvis Bay zu Namibia gehört (1994), gibt es hier keine trennende Grenze mehr. Gegenüber der Swakopmunder Buchhandlung steht die prächtige neobarocke Fassade des Hohenzollernhauses.

Einst war dieser Bau das »Kaiserliche Bezirksgericht«, heute nutzt der Staatspräsident ihn als »State House« und Sommerresidenz. Im Hintergrund der Leuchtturm von 1910.

1901
BEZIRKS GERICHT

Im Pelzrobbenschutzgebiet am Kreuzkap (Cape Cross) tummeln sich Tausende Südafrikanischer Seebären.

Ein besucherfreundliches Reiseland, in dem selbst am Rand hoher Wüstendünen Picknicktische auf Besucher warten, wie hier nahe Walvis Bay.

Die »Wilden Pferde der Namib« geben Rätsel auf: Stammen sie von der Deutschen Schutztruppe oder sind es Nachfahren aus der Zucht des Hansheinrich von Wolf. Vermutlich trifft beides zu. Sie überlebten fast ein Jahrhundert auf sich selbst gestellt.

Auf der Fahrt zum »Wolwedans Dune Camp« im NamibRand Nature Reserve. Wolvedans – unwillkürlich denkt man an »Der mit dem Wolf tanzt«. Doch der Name stammt von der Tüpfelhyäne, die in Afrikaans »Tigerwolf« genannt wird.

Ein Land für Menschen, die mit der Natur auf Du und Du sein wollen und noch in die Stille lauschen können. Kaum ein anderes Land Afrikas bietet so viel Weite und Unberührtheit, gepaart mit Komfort.

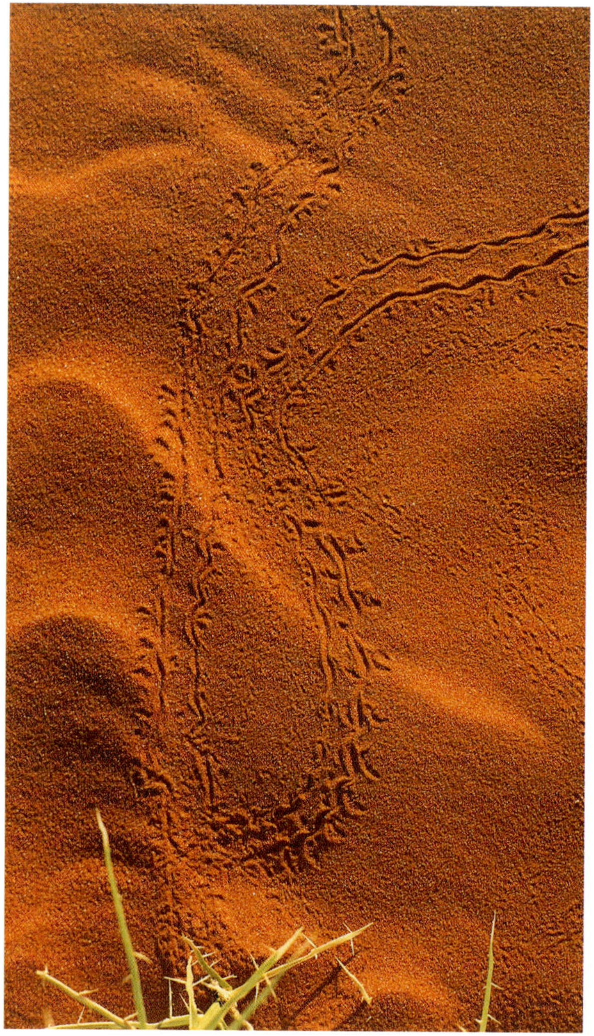

Auf die Namib entfallen mehr als 15 Prozent der Landesfläche. Sie dehnt sich über die gesamte Länge des Landes aus – mit rot leuchtenden Dünenfeldern, Trockenseen (Vleis), Geröllwüsten und blankem Fels.

Noch 1987 warben Farmer hier ungeniert für den Abschuss von Oryxantilopen. Medienproteste führten letztlich zur Schaffung des privaten Naturschutzgebietes NamibRand Nature Reserve.

Bilder wie am Schöpfungstag – NamibRand

Naturschützer auf NamibRand beim »morgendlichen Appell« seiner Schutzbefohlenen: Ranger protokollieren Wildwanderungen und kümmern sich um die Infrastruktur des Reservats.

Das Wolvedans Dune Camp ist die exklusive Basis für Wüstentrips.

Nach der Unabhängigkeit entdeckte auch der internationale Tourismus das Land. Die Besucher kamen und die Namibier selbst besannen sich auf das ungeheure Potenzial ihres unberührten Landes. Aber statt auf klotzige Hotels setzten sie auf feine Camps und behutsamen Öko-Tourismus. Auch Johann Albrecht (Albi) Brückner zog es zurück in die Wüste. Der Chef einer namibischen Ingenieursfirma kaufte seine erste Farm, weitere folgten. Eine Immobilie entstand, die fast an die Größe Luxemburgs heranreicht.

»Meine erste Wüstenfarm war Gorrasis, heute die südlichste Farm des Naturreservats«, verrät er. »Die Namib faszinierte mich seit eh und je.« Da war es wie ein Wink des Schicksals, als auf der Titelseite des *Windhoek Observer* am 21. März

1987 die Überschrift prangte: »Wüstenmassaker«.

Nachdem die Schafe und Kühe auch hier, am Ostrand des Namib-Naukluft-Parks, den letzten Grashalm gefressen und den empfindsamen Boden zertrampelt hatten, besannen sich die Farmer im Kampf ums wirtschaftliche Überleben auf ihre natürlichen Ressourcen und warben für die Jagd auf Oryxantilopen.

Der öffentliche Prostest gegen das massenweise Abmetzeln der Tiere hatte Erfolg. Knapp eineinhalb Jahre später notierte der *Windhoek Observer,* ein Mister Albi Brückner und ein Konsortium von Industriellen habe unter dem Namen »NamibRand« vier Farmen von zusammen 620 Quadratkilometern gekauft.

Über dem Land ist seitdem wieder Stille eingekehrt. Keine Schüsse mehr auf Oryxantilopen. Kein Blöken von Schafen und Ziegen mehr. Wo noch vor zwei Jahrzehnten Farmzäune waren, zieht wieder das Wild über flimmernden Wüstenboden. Und die Farm Wolwedans wurde zum Wolwedans Dune Camp.

Wenn einem dort wie an jedem Morgen die Wüste frisch, kühl und unberührt wie am Schöpfungstag zu Füßen liegt, möchte man zu Pinsel und Palette greifen – oder aber nach der Kamera. Ein Rausch sanfter Farbtöne verführt das Auge. Aus diesem sanften Arrangement von Gelb, Gold, Rot und Braun ragen wie überdimensionale Kohlehalden erodierte Bergstümpfe heraus. Nirgendwo ist ein Geräusch zu vernehmen: kein Auto, keine Stimme. Vor allem nach der Hitze des Tages zieht der späte Nachmittag alle Register des Lebens. Kleine Eidechsen hasten über die schraffiert wirkenden Furchen des Bodens. Erdhörnchen stopfen hektisch ihre Backentaschen voll, während sie die langen buschigen Schwänze wie Baldachine über ihre Körper halten. Zwei Löffelhunde mit riesigen Ohren lugen hinter einem der wenigen Bäume hervor, auf dessen Astgabel eine Eule aufmerksam herüberäugt.

Ausgebildete Wildhüter und ein Team von Biologen kontrollieren ständig die Tierbestände des NamibRand Natur Reserve, nehmen Aufzeichnungen über die Wildwanderungen vor, zählen das Wild und kümmern sich um die Infrastruktur des Reservats. »Die Namib packt

jeden von uns, ihre Weite, Ruhe, vor allem aber ihre Pastellfarben, in denen kein Platz für sattes Grün ist. Deswegen wird der Besucher gern in unsere Landschaft kommen – die ins NamibRand Natur Reserve zurückgekehrten Tiere sind der Bonus«, schwärmt einer von ihnen. Das Naturreservat grenzt im Westen auf einer Länge von rund 100 Kilometern an den Namib-Naukluft-Park, im Osten wird es durch die Nubib-Berge begrenzt. Dazwischen sind alle Facetten Namibias aufs Schönste vereint: Sanddünen von außergewöhnlich roter und ockerfarbener Leuchtkraft, Savannen mit Oryxantilopen, Kudus, Springböken, Zebras und Straußen; alles in allem rund 20 000 Tiere. Johann Albrecht Brückners Traum entwickelte sich zum größten privaten Naturschutzgebiet im südlichen Afrika (www.namibrand.com).

Die Website gibt Tipps zu individuell geführten, exklusiven Safaris; zur Geländewagenfahrt in Begleitung kundiger Ranger, zu geführten Wanderungen (Tok Tokkie Trails), bis hin zum Flug über die Wüste im Fesselballon (Namib Sky Balloon Safaris). Mehrere sehr stilvolle Unterkünfte: Die Herzstücke sind das Wolvedans Dune Camp und die Wolvedans Dune Lodge.

»Die Wüste gibt mir die Freiheit all das auszuleben, was mein Inneres mir sagt«, bekennt der Campmanager von Wolvedans. Die Welt ist heute wieder in Ordnung hier. »Nur einen Feind habe ich hier draußen«, schmunzelt er: »Die Vögel fressen erbarmungslos alles, was man einpflanzt.« (linke Seite)

Eine junge Camp-Mitarbeiterin zeigt stolz namibische Gebrauchskunst (Mitte).

Ein Gläschen Sekt auf die gelungene Ballonfahrt (ganz links oben). Das weite Gelände der Gästefarm BüllsPort kann man auch auf Pferdesrücken erkunden (www.buellsport.com) (links oben).
Ehepaar Theile betreibt die Farm Namtib in den Tirasbergen. (www.namtib.com) (ganz links unten). Auf den entlegenen Farmen werden auch Autoreparaturen kurzerhand selbst erledigt (links unten).

Ein unvergessliches Erlebnis ist es, bei Tagesanbruch im Fesselballon über die Namib zu gleiten.

V5-HAA

Heißer Wüstenwind peitscht den Sand über die Fahrbahn der Straße nach Lüderitz.

Die roten Dünen des Namib-Naukluft-Nationalparks zählen zu den malerischsten und höchsten auf Erden.

Vom Sesriem Camp bis zum Sossusvlei-Parkplatz sind es 63 Kilometer. Die daran anschließenden fünf Kilometer sind reine Allradstrecke. Wer ohne Geländefahrzeug ist, kann seinen Pkw auf dem schattigen Parkplatz am Ende der ausgebauten Straße abstellen und das letzte Stück zu Fuß weiterwandern.

»Dune 45« gilt als die perfekt geformte und am meisten fotografierte Düne. Doch egal wohin man schaut, das Auge schwelgt in intensiven Farben- und Formenspielen, wie es sie wahrscheinlich nie zuvor wahrgenommen hat.

Wenn die Winde der Nacht die Fußspuren vom Vortag geglättet haben, betritt man eine Welt wie am Schöpfungstag. Fotofreunde favorisieren das Morgen- und Abendlicht sowieso.

In der abflusslosen Pfanne des Sossusvlei sammelt sich nur sehr selten Regenwasser. Doch wenn, dann spiegeln sich die höchsten Dünen der Welt in einem Wüstensee.

Es fällt schwer, sich in diesem vielfältigen Land für »seine« Nummer eins zu entscheiden: die bis zu 300 Meter hohen Namib-Dünen gehören gewiss dazu. Wer es einrichten kann, sollte nicht im August hierher kommen, wenn bereits frühmorgens im Dunkeln ein langer Besucherkonvoi vom Sesriem Camp in Richtung Sossusvlei aufbricht.

Der älteste Teil des Namib-Naukluft-Parks wurde 1907 durch die deutsche Kolonialverwaltung als »Tierreservat Nummer 3« proklamiert. Diese und weitere Flächen wurden 1986 mehr als verdoppelt, als der Rest des ehemaligen Diamantenfördergebiets »Diamond Area II« hinzukam.

Rund zwei Tage dauert die Exkursion durch die Namib-Section des Parks zu den von der Natur aus Granit herausgemeißelten Torbögen und dem Welwitschia Drive mit den ältesten Pflanzen der Welt.

In solch einer Landschaft verbargen sich im Zweiten Weltkrieg zwei deutsche Biologen und schrieben danach das Buch »Wenn es Krieg gibt, gehen wir in die Wüste« (siehe Literaturempfehlung).

Der Bogenfels ist Höhepunkt jeder Sperrgebietstour. Eine Legende besagt, dass ein Pilot aus Lüderitz mit seiner Maschine durch das Felstor geflogen sei.

Nur ein spezielles Permit berechtigt heute zum Besuch der Geisterstadt Pomona. Zu Beginn des 20. Jahrhunderts wurde hier der Wüstenboden auf Diamanten gesiebt.

Vorzeige-Geisterstadt Kolmanskuppe: Einige Bauten wurden restauriert, doch der Wind zeigt, wer Herr in der Wüste ist und begräbt das einstige Diamantenzentrum nach und nach im Sand.

Entlang der alten Eisenbahntrasse stößt man auf verlassene Bahnhöfe wie »Grasplatz«, wo das Diamantenfieber 1908 ausbrach.

Ein Lüderitz-Bummel führt von der Felsenkirche an hübschen Kolonialhäusern vorbei zum »Kapps Hotel«. In der Bismarck- und Nachtigall Street zeigt sich der ganze Charme der kolonialen Architektur.

Das Goerke-Haus, so benannt nach seinem ersten Eigentümer Hans Goerke, ist ein besonders hübsch restauriertes Schmuckstück wilhelminischer Baukunst in Afrika.

HAUS
GOERKE

Hoch über den Dächern der kleinen Hafenstadt Lüderitz thront weithin sichtbar die Felsenkirche.

Der Süden

Diamanten, Canyons
und andere Schätze

Es sind vor allem drei Highlights, deretwegen die Besucher in den Süden kommen: die *ghost towns* der Diamantsucher (Kolmanskuppe oder Pomona zum Beispiel), der Fish River mit seinem überwältigenden Canyon und der Orange River, der zugleich auch die Landesgrenze zwischen Namibia und Südafrika markiert.

Steigt man unweit vom Rand des Fish River Canyon in die Cessna, die sich in den blauen namibischen Himmel schraubt, bleiben der Staub, der hitzeflirrende Boden, die Wüste zurück, und man schaut aus der Perspektive des Adlers auf eine in Jahrmillionen zerfallene Welt wie in ein aufgeschlagenes Geologiebuch. Oder man schlüpft in seine Wanderstiefel und beginnt einen Abstieg, bei dem es von Meter zu Meter wärmer wird, eine Wanderung hinein in den Bauch der Erde. Oder aber man gleitet in »dampfendes Wasser« – so jedenfalls lautet die Übersetzung des Namens Ai-Ais, eines Tourist Resorts, in dem man nach Herzenslust im heißen Thermalpool sich räkeln kann.

Namibias Süden ist eine durchaus spannende Reisedestination. Mit Highlights wie dem privaten Naturschutzgebiet Gondwana Cañon Park oder Lüderitz, der Stadt am Meer, die man – je nach den Launen der Wettergötter – strahlend, blank geputzt oder Minuten später in grauen, dichten Küstennebel verpackt erlebt.

Und immer wieder gibt es lohnende Stopps: Nur wenige Kilometer westlich von Aus weist ein Schild »Ferial Horses« den Weg zu einer Pferdetränke mitten in der Namib. Der Deutschen Schutztruppe waren zu Beginn des Jahrhunderts einige Pferde ausgebrochen, andere mögen von der aufgegebenen Pferdezucht von Hansheinrich von Wolf, des Erbauers von Schloss Duwisib, stammen. Mag sich auch die steinige Landschaft des Südens als lebensfeindlich, abweisend gegeben haben: nichts als endlose Weite, in der kaum ein Halm aus dem Sand lugt. Und doch erzählen diese zähen Wildpferde der Namib: Die Wüste lebt. Davon wird man sich auch nach der Regenzeit überzeugen, wenn man heute durch ein Blütenmeer rollt, wo gestern nichts als »tote« Wüste war.

Da ist noch etwas, was man sich auf keinen Fall hier im Süden entgehen lassen sollte: den *sundowner* am Köcherbaumwald von Keetmanshoop: Es ist Verlass auf die Sonne. Kitschig-schön sinkt sie, so wie es sich fürs gute Foto eben gehört. Langsam verändert sich ihr Ball von Gelb über Orange hin zu sattem Rot. Hektik bei den Fotografen, die Position und Objektive wechseln. Namibias meistfotografiertes Sonnenuntergangsszenario geizt nicht mit jenen dramaturgischen Gags, die der Stoff für gute Fotos sind. Als würden Geister ihre Arme in den Himmel schieben, recken Köcherbäume die schlanken Äste in das dunkle Rot der aufziehenden Nacht, wie eine stumme Armee zwischen schwarzen, Hitze absorbierenden Findlingen. Bis zu neun Metern hoch wachsen sie. Buschmänner und Nama höhlten ihre faserigen Stämme aus und verwandten sie als Köcher für Pfeile. Daher der Name: »Kokerboom«, zu Deutsch »Köcherbaum«.

Nachdem Johann Keetman aus Barmen in Deutschland Geld für eine Missionskirche gespendet hatte, benannte man den Ort Keetmanshoop nach ihm.

Seit 1955 ist der fotogene Köcherbaumwald ein National Monument

Die bis zu neun Meter hoch wachsenden Köcherbäume gehören zur Gattung der Aloe. Ihre kanariengelben Blüten werden im Juni/Juli bis zu 30 Zentimeter lang.

Buschromantik vom Feinsten: mit Tourguide Peter Wilson geht es hoch zu Pferd in die Savanne.

Die ledrig-glatte Borke schützt den etwa einen Meter dicken Köcherbaumstamm vor dem Austrocknen. Als Sukkulente speichert er gewaltige Wassermengen in seinem großzelligen Grundgewebe. In einem trockenen Land wie diesem überleben nur die Phantasievollsten, auch in der Planzenwelt: etwa durch ein filigranes Wurzelnetzwerk unmittelbar unter der Erdoberfläche. Anders die Hoodia, eine Sukkulente mit lachsfarbenen Blüten, die einen Aasgeruch verbreitet, der Insekten anlockt, die bei der Gelegenheit auch gleich die Bestäubung erledigen.

Eine wahre Explosion der Farben- und Formenvielfalt erfolgt nach den ersten Regentropfen.

Drei Bayern in der Wüste, oder: Ein Farmhaus wird zur Cañon Lodge

Manni Goldbeck setzt am Fish River Canyon auf Naturschutz: »Wir fühlen uns nicht als Großgrundbesitzer. Allenfalls als Treuhänder dieses alten Landes, das wir einen Bruchteil der Zeit verwalten dürfen«, betont er.

Unauffällig passen sich die komfortablen und einfallsreich gestalteten Gebäude der Gondwana Cañon Lodge in die Landschaft ein.

Es war eine weite Reise, die die Gebrüder Schanderl und ihr Cousin vor gut 100 Jahren antraten: von Bayern ins Herz der namibischen Wüste. Dass sie mit diesem großen Schritt auch den Geschmack vieler späterer Naturfreunde und Gäste treffen würden, ahnten sie damals nicht. Die drei bauten sich eine Farm, die ein Zeitgenosse mit den glühenden Worten beschrieb: »Hier oben ist es kühl und luftig, der Fernblick reicht fast bis in die unendlichen Weiten ... Die Farm liegt hübsch innerhalb dieser säulen- und glockenförmigen Berggebilde an einem nach Süden zum Fischfluss ziehenden Rivier. Ich habe selten im Lande eine Farm getroffen, die mit so viel erfinderischem Geist und solch persönlichem Geschmack

eingerichtet war wie die Farm Karios der Gebrüder Alphons und Stephan Schanderl. Und das alles mit sehr geringen Mitteln! Das Haus mit der rebenverhangenen Veranda, den alten altbayerisch eingerichteten Zimmern und dem schmucken Turm. Die zwei Gärten mit den vier Windmotoren, den Gemüsebeeten, den fruchtstrotzenden Dattelpalmen ... All das ist einfach und gediegen mit eigener Hand hergestellt.«

Doch jäh endete der Traum der drei Bayern in der Wüste, als sie nach der deutschen Kapitulation 1919 ausgewiesen wurden. Man warf ihnen vor, ein paar Schutztruppenangehörge, die aus ihrem südafrikanischen Internierungslager geflüchtet waren, mit Lebensmitteln versorgt zu haben. Die drei unternehmungslustigen Männer verschleuderten ihr Hab und Gut und kehrten nie wieder dorthin zurück.

Andere Besitzer nach ihnen kamen und gingen. Ein altes Foto der Farm, auf dem jene erwähnten Weinreben an der Hauswand der Farm Karios hervorstechen, hängt zur Freude heutiger Besucher im ehemaligen Farmhaus, dessen größter Raum jetzt ein gemütliches Restaurant ist.

KARASBURG
KAAPSTAD

BEENBREEK

Die Gäste wohnen in 25 geschmackvollen Natursteinbungalows, die sich an die außergewöhnliche Felskulisse zu kuscheln scheinen, deren Felsen an die Hinkelsteine von Obelix erinnern. Mitten in der Steinwüste gibt es sogar Wasser und Strom, Letzteren dank Solarenergie.

Sie hatten wohl eine Vision, der Deutsch-Namibier Manni Goldbeck und sein Partner, als sie beschlossen, unweit des Fish River Canyon auf ebenjenem Gelände der Farm Karios eine Lodge zu bauen und das hübsche alte Farmhaus der Schanderls darin zu integrieren.

Nach und nach erwarben sie auch die Farmen Augrabies, Stamprivier und Holoogberg. »Die Farmer konnten kaum noch wirtschaftlich überleben«, sagt Goldbeck. »Bei uns fallen nur 80 Millimeter Niederschlag, maximal 120 Millimeter, nicht genug für eine Existenz. Wir haben jetzt die Einzäunungen zwischen den Farmen abgerissen und total aufgehört zu farmen. Unser Motto: Der Natur zurückgeben, was ihr gehört.«

Die beiden setzten auf Naturschutz und schufen an der Ostflanke des Fish River Canyon aus den vier Farmen den 530 Quadratkilometer großen Gondwana Cañon Park.

»Wir fühlen uns nicht als Großgrundbesitzer. Allenfalls als Treuhänder dieses alten Landes, das wir einen Bruchteil der Zeit verwalten dürfen«, betont Goldbeck. »Mit unserer Lodge wollen wir uns auch nicht in den Mittelpunkt des Geschehens stellen, dort steht die Natur. In ihr haben unsere Gäste die Möglichkeit, sich zurückzulehnen und die Stille vielleicht zur Inventur ihres Lebens zu nutzen.«

Das Konzept ging auf. Wo längst keine Farmwirtschaft mehr möglich war, genießen Besucher heute unter dem Kreuz des Südens das Gefühl, in bestem Ambiente doch mitten in der Wüste zu sein. Und die Menschen der Region haben Arbeit.

Schon längst ist das Unternehmen aus den Anfängen herausgewachsen. Die Desert Lodge entwickelte sich zur Gondwana Desert Collection, einem Verbund der schönsten aber auch unterschiedlichsten Wüsten- und Halbwüstengebiete, in dem der Naturschutz großgeschrieben wird. Und natürlich gibt es stilvolle Unterkünfte, zum Beispiel in der Kalahari wie auch im Sperrgebiet Rand Park, wo man die Wildpferde der Namib belauschen kann.

Den Traum des bayerischen Schanderl-Trios dürfen heute also viele träumen.

www.gondwana-desert-collection.com

Allenfalls in Südafrika findet man noch ein solch dichtes Netz liebevoll hergerichteter Wilderness Lodges wie in Namibia.

Alain Moirsalise vom Cañon Roadhouse, das ebenfalls zum Verbund der Gondwana Desert Collection gehört (ganz links oben). Manni (links) und Alain (rechts) abends in der Roadhouse-Bar (links oben). Urig und einfallsreich die Zimmer der Cañon Lodge (Abbildungen unten).

In einer Landschaft, in der eine schwarz-weiße Holstein-Kuh Überlebensängste bekäme, versuchen Landwirte und Viehzüchter immer noch, wirtschaftlich über die Runden zu kommen.

Aus der Farm Karios der bayerischen Brüder Schanderl wurde ein Dreivierteljahrhundert später die Gondwana Cañon Lodge.

Der Fish River mündet nahe Klipheuwel in den Orange River. Über drei Viertel der Gesamtlänge von insgesamt 2100 Kilometern zieht sich der Orange River ausschließlich durch Südafrika. Nur auf dem letzten Teilstück bildet er die Grenze zu Namibia.

Der Fish River ist ein launiger Fluss. Jahrelang führt er kaum einen Tropfen Wasser, doch nach starken Regenfällen füllt sich sein Bett. Einsam befindet sich an seinem Rand das Grab eines Schutztruppen-Leutnants.

Grenzfluss im Diamantenland – Kanufahrt auf dem Orange River

Eins der Glanzlichter des Südens ist der zumeist klare Orange River, der auch die Landesgrenze zwischen Namibia und Südafrika markiert.

Der Fluss beginnt seine lange Reise in gut 3000 Metern Höhe in den Drakensbergen, durchquert das Hochland von Lesotho und schlängelt sich durch Südafrika, wo ihn der Garieb-Damm anzapft, um Johannesburgs Bevölkerung nicht auf dem Trockenen sitzen zu lassen. Doch kaum hat er sich mit dem Vaal vereint, zermalmt die geballte Wucht dieser beiden Flüsse Felsen und schürft Canyons aus dem Urgestein. Bei den Augrabies Falls aber beißt der Orange River auf Granit.

Die hier lebenden Khoi-Khoi nannten die Wasserfälle Aukoerebis (lärmender Platz). Kein Wunder, denn in Spitzenzeiten donnern 405 Millionen Liter Wasser pro Minute 85 Meter in die Tiefe. Je nach Wasserstand sind es bis zu 19 einzelne Wasserfälle. Der fast runde, kraterartige See unterhalb der Fälle misst 90 Meter im Durchmesser und ist 130 Meter tief. Der Legende nach befinden sich in ihm unvorstellbare Diamantenvorkommen, die der Fluss hierher scheffelte.

Im Frühjahr schwillt der Orange River gewaltig an, bricht Erde und Gestein aus den Ufern. Lehmbraun schleppt er seine Schlammfracht westwärts. Bei Oranjemund schiebt er seine erdschwere Zunge weit in die atlantischen Fluten hinein. Auf den letzten 500 Kilometern bildet er die Grenze zwischen Namibia und Südafrika.

Die Buschmänner der Kalahari nannten ihn respektvoll Garib, den Großen Fluss. Er hat viele Gesichter und wechselnde Launen. Im Frühjahr wird er zum Dorado für Wildwasserfahrer. Ungestüm tost er durch sein Bett und tobt gelegentlich auch über Stromschnellen. Doch wenn die Nebenflüsse auf dem Trockenen sitzen, wird er lammfromm. Dann beginnt die Zeit der Kanufahrer.

Ein angenehm sauberer, bilharziosefreier Fluss, der selten breiter als 200 Meter ist. Majestätisch, ein wenig umständlich mäandert er sich an

Der Orange River ist ein stiller Fluss. Und doch gilt für ihn, was für alle gilt: Ein Fluss ist ein lebendiges Wesen, Regenfälle lassen sein Wasser blitzschnell anschwellen und machen ihn zu einem »reißenden Löwen«.

Felsnasen und erodierten Berghängen entlang, wie sie auch in der Zentralsahara stehen könnten. Auf dem Orange River entdeckt man die Langsamkeit.

Mit 2250 Kilometern Länge gehört er nicht zu den längsten Flüssen der Erde und rangiert weit hinter Nil und Amazonas oder Mississippi-Missouri. Und doch ist er ein einmaliger Schatz, denn über Millionen Jahre hinweg transportierte er in seinem Flussbett ungezählte Diamanten, spülte sie hier und da über die Ufer und spie sie bei Oranjemund ins Meer, wo sie der Benguelastrom entlang der Namibküste nordwärts verteilte. So entstand die »Diamantenwüste«, das spätere Diamanten-Sperrgebiet. Während früher Diamanten fast ausschließlich aus dem Wüstensand gebuddelt wurden, verlagerte sich die Schatzsuche 1936 an die Mündung des Orange River. Die Außenstehenden unzugängliche, verschlossene Stadt Oranjemund entstand. Heute fördert man Diamanten mit großem technischem Aufwand, indem sie von Schiffen mit einer Art überdimensionalem Staubsauger vom Meeresboden hochgesogen werden.

Der wertvollste Schatz aber, den es auf diesem Fluss zu entdecken gibt,

ist die Stille. Deshalb stiegen wir in ein Kanu und folgten dem Grenzgänger zwischen Kapprovinz und Namibia.

Langsam gleitet unser Kanu an skurril in Wellenform gegossenen Felsformationen vorbei. »Ein Fluss, geeignet auch für Anfänger«, werben die Broschüren. Doch ein Fluss ist ein lebendes Wesen, täglich verändert er sein Gesicht unter dem Einfluss von Regen oder Wind. Jetzt, zu Beginn des Sommers, recken sich bei Niedrigwasser Felsen wie neugierige Glatzköpfe aus dem Wasser. Wir belauschen Springböcke, die zum Trinken ans Wasser kommen, die Schlange, die hocherhobenen Hauptes durch den Fluss schwimmt, und Fischadler, die majestätisch über uns ihre Bahn ziehen. Mal übernachten wir in Südafrika, mal in Namibia, fern aller Konventionen und Grenzen.

Nach zehn Tagen sitzen wir ein letztes Mal abends am Lagerfeuer in einer Bucht am Rand der Namib: das Ende einer Flussfahrt. Und während langsam das Gekreisch der Paviane oberhalb der Felsufer verstummt, huschen Sternschnuppen über den Nachthimmel. Infos unter:

www.bundi.co.za (geführte Paddeltouren auf dem Orange River)

www.drifters.co.za (Overland Tours, Safaris und Abenteuertouren)

Der Orange River ist ein wichtiger Lebensspender: Weinfelder werden mit seinem Wasser bewässert, den Großraum Johannesburg versorgt er mit Trinkwasser, und er gilt als Haupttransporteur jener Diamanten, die noch in Mengen vor seiner Mündung auf dem Meeresboden liegen.

»Besser ihr schlaft dichter am Lagerfeuer«, empfiehlt der Guide der kleinen Gruppe. »Der Leoparden wegen ...!« Wer ein paar Vorsichtsmaßnahmen beachtet, wird eine beschauliche und für fast jedermann »machbare« Paddeltour erleben.

Mensch und Technik werden am Rand des Fish River Canyon klitzeklein. Die Deutschstämmigen nennen den, der das alles schuf, Fischfluss, auf Afrikaans heißt er Visrivier. 1962 wurde der Canyon zum National Monument erklärt.

Bis zu 549 Meter tief ist der Canyon. Wer gut zu Fuß ist, kann während der kühlen Jahreszeit den 90 Kilometer langen Fish River Canyon Trail vom Main View Point bis Ai-Ais wandern.

Der Osten

Rotes Land am Rand der Kalahari

Die dominierende Farbe in Namibias Osten ist Rot, das kräftige Ziegelrot der Kalahari.

Das weitgehend abflusslose Kalaharibecken erstreckt sich vor allem über Namibias östliches Nachbarland Botswana hinweg, reicht südwärts bis Südafrika und im Westen bis tief nach Namibia hinein. Wegen der an die Trockenheit angepassten Vegetationsvielfalt zählt die Kalahari nicht zu den Wüsten. Der Kgalagadi Transfrontier Park schützt den Tier- und Artenreichtum hier; er vereint den ehemaligen Kalahari Gemsbok National Park in Südafrika mit den sich anschließenden Gemsbok National Park und dem Central Kalahari Game Reserve in Botswana. Gemsbok ist die Bezeichnung in Afrikaans für die Oryxantilope. Allein die letzteren Schutzgebiete sind zusammengerechnet rund anderthalbmal so groß wie die Schweiz.

Tipp: Der unmittelbar entlang der Grenze zu Namibia gelegene Kalahari Gemsbok National Park lohnt zum Beispiel von Keetmanshoop über Aroab einen Abstecher im Geländewagen. Von einigen besuchenswerten Gästefarmen abgesehen, sind die weiteren Highlights hier im Osten eher dünn gesät.

Anfang des 20. Jahrhunderts fanden in der namibischen Kalahari Kämpfe zwischen Nama und der Schutztruppe statt, in Groß Nabas und an der Wasserstelle von Gochas zum Beispiel. Friedlich hingegen ist heute die Fahrt in Richtung Gochas, malerisch erheben sich rechts und links Tafelberge, die aus dem Urstromtal des Auob im Laufe der Jahrmillionen herauserodiert wurden.

Dann die Ankunft in Gochas: In einem Baum am Rande des Friedhofs lärmt ein Rosenpapagei.

»Fähnrich Ernst Triebke, geboren 14.7.72 in Hannover, gefallen 2.1.05 in Großnabas«, steht auf einem der vielen Grabsteine. Beim »Heldendenkmal« wird man allerdings nachdenklich. Unter der Kaiserkrone stößt das Auge auf die Worte: »Den Gefallenen zum Gedächtnis, den Lebenden zur Anerkennung. Den kommenden Geschlechtern zur Nacheiferung.«

Knapp ein Jahr zuvor waren die Herero nach der vernichtenden Schlacht am Waterberg (siehe S. 232f.) in die Kalahari geflüchtet. Gut ein Jahrhundert später ist auch am Waterberg Ruhe eingekehrt, die rote Felsinsel wurde zum Naturschutzgebiet erklärt und gehört zu den unbedingt besuchenswerten Highlights.

Keine durchgehende Asphaltstraße führt durch Namibias Osten, die Erd- und Schotterstraße sind jedoch – wie auch im übrigen Land – zumeist sehr gut.

Wer allerdings den Nervenkitzel des Geländeabenteuers sucht, findet ihn im Nordosten, im Kaudom Game Park.

»Befahrbar nur in Begleitung eines anderen Geländewagens«, verlangt die Naturschutzbehörde. Wer hier insbesondere außerhalb der Regenzeit unterwegs ist – denn dann machen die Omiramba, die jetzt Wasser führenden »Trockenflüsse«, eine Durchquerung praktisch unmöglich – wird belohnt durch Tierherden, die selten oder noch nie einen Menschen gesehen haben.

Im Osten befindet sich die Kalahari, in der noch immer viele Buschmänner (San) leben. Die meisten Menschen dieses Volkes aber leben in Namibia. Botswana hat die zweithöchste Population.

Die Hochebene der Kalahari (800–1200 m) betört durch ziegelroten Sand.
Der große Wildreichtum wird weiter östlich in mehreren Reservaten geschützt.

Wie »Leuchttürme der Savanne« grüßen Termitenhügel. Das Baumaterial besteht aus Erde, Holz und zerkauten Pflanzenteilen.

Modern Cowboy: Ein Rinderzüchter inspiziert seine »Weiden«.

Harnas – »Siebter Himmel für Savannenbewohner«

Marlice und ihre besten Freunde: Gepard Goeters spielt am liebsten Verstecken, mächtige Löwinnen verlangen Streicheleinheiten und ein Morgenküsschen; und dann schmollt da noch der Affe, weil Marlice mit einem Baby-Geparden schäkert.

Nach nur drei Tagen ging Goeters (Name des Geparden) bei Fuß«, verriet Marlice van der Merwe. Während wir auf der Farm Harnas miteinander plaudern, streicht sie über Goeters geflecktes Fell. »Hunde sind beim Erlernen solcher Kommandos eher begriffsstutzig. Geparde sind intelligent!«

Die Erfolgsgeschichte von Harnas als »siebtem Himmel für Geparde, Löwen und andere Savannenbewohner« begann vor gut 25 Jahren, als Marlices Eltern, Marieta und Nick van der Merwe, die Harnas Wildlife Foundation gründeten.

»Ursprünglich war dies eine Rinderfarm, aber meine Eltern träumten von einem Schutzgebiet für verfolgte Tiere. 1995 bauten sie auch Touristenunterkünfte, von deren Einnahmen wir das mitfinanzieren, was der Schutz unserer Tiere kostet.«

Was Marlices Eltern vor gut einem Vierteljahrhundert als kleinen Zufluchtsort für verletzte und verfolgte Löwen ins Leben riefen, ist heute ein weit beachtetes Naturparadies, eine letzte Zufluchtsstätte für Geparde, Leoparden, Afrikanische Wildhunde und Löwen. Die Tiere kommen zumeist von Farmen, auf denen sie in Lebendfallen gefangen wurden.

Für einen gefangenen Geparden zahlt Harnas den Farmern jenen Preis, den sie sonst für das Fell eines getöteten Tieres bekämen.

»Später werden die Tiere entweder an sicheren Plätzen ausgewildert oder kommen bei anderen Game Farms in gute Hände«, weiß Marlice.

Die parkähnliche Landschaft rund ums Haus gleicht einem Privatzoo mit Straußen, Kudus, Pavianen und Krokodilen. Im Innenhof des Hauses geht es derweil hoch her. Dort toben lautstark Junggeparde mit Haushunden, zwischen denen Mangusten, Affen und eine braune Hyäne wuseln.

»Viele unserer Tiere haben traurige Biografien«, verrät sie. Wir haben 28 Paviane auf Harnas, deren Eltern zumeist erschossen wurden. Und so hat Marlice derzeit nachts drei Pavianbabys im Bett. Am liebsten aber balgt sie sich mit ausgewachsenen Löwen.

Das Anliegen der Wildlife Foundation findet weltweit Unterstützung, und die amerikanische Schauspielerin Angelina Jolie ist die Schirmherrin von Harnas.

www.harnas.de

Wie kein anderer Fleck in Namibia stand der Waterberg für die koloniale Konfrontation zwischen Schwarz und Weiß.

Hinrich Schneider-Waterberg in seinem Farmhaus, von dem aus seine 500 Quadratkilometer große Farm verwaltet wird. Sein Vater war 1908 nach Südwest gekommen und geblieben.

1875 lebten 15 000 Herero mit mehr als 40 000 Rindern am Waterberg. Nach dem Herero-Aufstand war das Volk in alle Winde verstreut, sehr viele Herero verdursteten in der Omaheke, einer fast wasserlosen Region. Am Fuß des roten Bergmassivs ruhen viele Kämpfer der Schutztruppe.

Hier ruht
Reiter
Friedr. Treuter
geb. 31.5.82 i. Schw. Hall
gest. 30.II.04 a. Waterb
Paul Weigelt

Am Fuß des Waterbergs befindet sich das Bernábe-de-la-Bat-Camp
mit Bungalows zum Übernachten, mit Schwimmbad, Restaurant und Campingplatz.

Botswana Simbabwe

Abstecher durch das Okavango-Delta zu den Victoriafällen

An den Victoriafällen bestaunen Paviane, Grüne Meerkatzen (im Bild) und Menschen sich gegenseitig.

Es ist nicht allzu lange her, dass man sich von Gobabis aus mit dem Auto auf ausgefransten *pads*, tückischen Sandpisten, bis Buitepos, dem östlichen Außenposten Namibias und weiter bis Botswana quälte. Das ist vorbei, seitdem die Staaten im Süden Afrikas eine auch von Lastkraftwagen befahrbare Fernverbindung zwischen Namibia, Botswana, Südafrika und Mosambik bauten.

Dieser Trans-Kalahari-Highway erleichtert dem Besucher den Zugang zu einigen der wertvollsten Naturschätze im südlichen Afrika, ein Abstecher, der sich mit einer Namibiarundreise bestens verbinden lässt. Man benötigt dafür: mindestens eine Woche Zeit, einen zuverlässigen Geländewagen und ein Quäntchen Abenteuerlust.

Und schon rollt man entspannt von Windhoek über Gobabis und Buitepos nach Ghanzi in Botswana. Von da an beißen die Räder in schottrige Piste, doch irgendwann ist Maun, das Sprungbrett in das Okavango-Delta, erreicht.

Es scheint, als sei der Okavango River nach seiner 1800 Kilometer langen Reise vom Benguela-Plateau bis in die Kalahari müde geworden. Er verfächert sich und formt hier einen 16000 Quadratkilometer großen abflusslosen Binnensee, ein Naturparadies von außerordentlicher Artenvielfalt. Das Moremi Game Reserve ist das Herzstück des Okavango-Deltas.

Maun, der Hauptort im Okavango-Delta, ist auch per Flugzeug, beispielsweise von Windhoek oder Johannesburg aus, zu erreichen. Die meisten Besucher werden sich einer geführten Tour ins Moremi Game Reserve anschließen. Zünftiger aber ist die Exkursion auf eigene Faust mit dem Geländewagen. Die Chancen, Büffel, Flusspferde, Elefanten, Löwen, Impalas und Giraffen zu sehen, sind dann bestens. Während der Regenzeit (November – April) heißt es in diesem Binnendelta gelegentlich »Land unter«. Die beste Reisezeit, auch für Tierbeobachtungen, ist von Mai bis Oktober.

Schon nimmt das Flimmern über der ausgedorrten Buschsavanne zu, die Sandpiste wird unberechenbarer. Zwischen Maun und dem Grenzort Kazungula im Länderdreieck von Botswana, Namibia und Simbabwe durchquert man den Chobe National Park »Wir sind stolz auf unseren Tierreichtum. Schließlich haben wir die größte Elefantenpopulation in Afrika«, berichtet der Ranger im Savuti Camp. Und um das zu bestätigen, spazieren Dickhäuter ganz ungeniert zwischen Geländewagen und Zelten umher.

Die Weiterfahrt verändert das Bild aufs Neue: Wie eine Rauchsäule liegt Wasserspray über den 110 Meter hohen Victoriafällen.

Mosi oa tunya nennen sie die Einheimischen, »Rauch, der donnert«. Man sollte hier den Wagen stehen lassen und zu Fuß zu den Wasserfällen gehen, vorbei an riesigen Baobabbäumen und Bergen von Elefantenlosung, die davon erzählen, dass man hier mitten im schönsten Afrika ist.

Große Elefantenherden bevölkern den Chobe National Park im Westen Botswanas.

Afrika von seiner schönsten und abenteuerlichsten Seite: Ohne Geländefahrzeug kommt man weder durch den Chobe National Park noch durch das Moremi Game Reserve im Okavango-Delta.

Die Tanzdarbietung einheimischer Künstler lässt keinen Zuschauer an den Victoriafällen ruhig auf seinem Stuhl sitzen.

Für ein paar Euro schnitzen Männer am Straßenrand aus Hartholz Masken und Figuren. Eine Kunst auf hohem Niveau. Im Städtchen Victoria Falls ist das Angebot umfassend, noch reizvoller aber ist es, den Künstlern jenseits der Sambesi-Brücke in Sambia zuzuschauen.

Während Bungeejumper von der Sambesi-Brücke in die Tiefe springen, vergnügen sich unterhalb der Victoriafälle Kajakfahrer mit spielerischer Leichtigkeit in den noch immer aufgebrachten, tosenden Fluten des Sambesi.

»110 meters of pure African air« steht auf den T-Shirts derjenigen, die todesmutig von der Sambesi-Brücke gesprungen sind. 110 Meter tiefer gurgelt der Fluss, ein Stück weiter »brüllen« die Victoriafälle.

Die Augrabies-Fälle des Orange River sind das Herzstück des 820 Quadratkilometer großen Augrabies Falls National Park im Norden der Republik Südafrika.

Mosi oa tunya, »donnernder Rauch«, nennen die hier lebenden Menschen die gut 100 Meter hohen Fälle des Sambesi.

Forscher David Livingstone entdeckte die Wasserfälle 1855 als erster Europäer. Er nannte sie zu Ehren von Queen Victoria: »Victoria Falls«.

Ein Traum von Afrika: die *Sundowner*-Fahrt im lauen Abendwind auf dem Sambesi.

Verschnaufpause am Ufer des Sambesi oberhalb der Victoriafälle. Fahrräder können im Ort Victoria Falls gemietet werden.

Buschmänner (San) – Überlebenskünstler auf neuen Pfaden

Erfolgreiche Anpassung machte die Buschmänner einst zu wahren Überlebenskünstlern in der Kalahari. Im Heute, das den Nomaden und freien Jägern kaum noch Raum lässt, suchen sie verzweifelt nach einer Nische zum Überleben.

Die San lebten in den Weiten der Steppe ohne ein übergeordnetes Führungssystem. Der Familienverbund bot jene Strukturen, die das Überleben der kleinen Gemeinschaft garantierte.

Buschmänner waren längst hier, bevor alle anderen Völker kamen. Die San gelten als direkte Nachfahren der Ur-Menschen, die bereits in der Steinzeit das südliche Afrika bevölkerten.

Buschmänner überlebten durch Anpassung. Zum Windschutz bauten sie Schirme aus Zweigen und Gras, weswegen die Buren sie in ihrer Sprache, dem Afrikaans, »Bosjesmans« nannten, was soviel heißt wie: die hinter den Zweigengeflechten wohnen.

Sie lebten in kleinen Gemeinschaften von nur drei bis vier Familien. Das karge Land ließ keine größeren Sippen zu. Kam Not auf, teilten sich selbst diese kleinen Verbände. Ihr Gesetz bestimmte, dass zum Bestehen der Familie der Stärkste überleben müsse. Alte, die der Gruppe nicht mehr folgen konnten, wurden mit deren Einverständnis zurückgelassen. Von Zwillingen tötete man einen, oft beide. Starb eine Mutter bei der Geburt, begrub man das Neugeborene mit ihr.

Es waren entgegengesetzte Welten, die aufeinander trafen, als die ersten Weißen dieser archaischen Gesellschaft begegneten.

Wie schon zuvor mit den aus anderen Teilen Afrikas eingewanderten Stämmen gab es bald Zusammenstöße mit den Weißen, die jetzt ihre Schafe und Rinder dort weiden ließen, wo die San seit Jahrtausenden das lebensnotwendige Wasser – oft nur als Schlamm – fanden. Die Überlebenskünstler im Bereich der Kalahari hatten Techniken entwickelt, mit Hilfe derer sie mit Halmen Wasser aus dem Sandbrei sogen und in Straußeneierschalen, ihre »Feldflaschen«, füllten. Damit war es nun vorbei. Der Buschmann wurde ein Fremder auf seinem Land. Dazu kam, dass die Weißen in Mengen jenes Wild schossen, von dessen Existenz sein Leben abhing.

Er musste sich beim Vieh der Farmer bedienen und es entstand eine Spirale der Gewalt.

Mehr als 50 000 San leben heute im südlichen Afrika, davon fast 30 000 in Namibia. Man schätzt, dass allenfalls noch zehn Prozent der traditionellen Lebensform nachgehen. Viele San leben am Rande der Gesellschaft. Buschmann–Initiativen wie Nyae Nyae und Ombili bemühen sich um Integration.

Für die Ju'hoan – Buschmänner im Nordosten, unweit des Kaudom Game Park – begannen die letzten großen Veränderungen, als die von Südafrika gesteuerte Verwaltung in den 1960er Jahren Südwestafrika in »Homelands« aufteilte und die Schaffung von Game Parks proklamierte. In den 70er Jahren drängte die Regierung die Ju'hoan, sich in der Hauptstadt des Buschmann-Homelands, Tsumkwe, zu konzentrieren. Sie lebten jetzt ein ihnen fremdes Leben, nur wenige hatten Arbeit und Geld, die große Mehrheit musste darben. Die zwangsweise Trennung von Traditionen und nomadischem Leben sowie der Abschied von der Jagd, war für die Gesellschaft katastrophal: Die Todesrate war hoch, Prostitution und

Alkoholexzesse blühten. Zunehmend rekrutierte die südafrikanische Armee Buschmänner als Pfadfinder für den Kampf gegen die aufständische SWAPO. Das Buschmann-Bataillon wurde aufgestellt, um im Kampf gegen die »Rebellen« Fährtenleserdienste für die Südafrikaner zu erledigen.

Heute, nach der Unabhängigkeit, werden die Buschmänner aus der Region um Tsumkwe von der Nyae Nyae Development Foundation unterstützt.

Die private Initiative hat sich zum Ziel gesetzt, den Übergang von einer reinen Nomadengesellschaft zu einer Gesellschaft zu erleichtern, in der sowohl Sesshaftigkeit als auch die Jagd Platz finden.

Eine Zukunft für die San wollte 1989 auch der Farmer Klaus Mais-Rische auf der Farm Hedwigslust schaffen, rund eine Autostunde nördlich von Tsumeb.

Er stellte seine Farm zur Verfügung und bot einer Gruppe von Heikum- und Kung-Buschmännern aus Ovamboland und dem westlichen Kavango-Gebiet ausreichend Platz sowie die Möglichkeiten zur Sesshaftigkeit. Daraus entwickelte sich die Stiftung Ombili, die von verschiedenen deutschen Institutionen unterstützt wird. Ziel ist, den nomadisierenden San die Möglichkeit zur Integration zu geben und sich als Farmer einer neuen Umwelt anzupassen. Initiator Klaus Mais-Riesche starb 1994. Das Projekt wurde viele Jahre von seiner Frau Beate und danach von einem Team fachkundi-

»Ombili«, ein Begriff aus der Sprache der Ovambo, bedeutet »Frieden«. Ein treffender Name für die Initiative des Farmerehepaars Mais-Rische, das auf seiner großen Farm vielen Buschleuten (San) die Möglichkeit zur Integration bot (ganz links oben). Traditionelle und moderne Lebensweise Seite an Seite: Seit 1993 werden die Buschmann-Kinder von Ombili auch schulisch betreut (ganz links unten).

Das Leben der Buschleute hatte auch seine romantischen Seiten: ein verliebter Buschmann schnitzte einen Bogen aus dem Horn der Oryxantilope und folgte seiner Angebeteten beim Sammeln von Beeren und Wurzeln. Im rechten Moment schoss er einen kleinen Strohpfeil auf ihren Po ab. Ignorierte sie den Pfeil, galt das als »Korb«, hob sie ihn aber auf, so willigte sie zur Hochzeit ein (beide links).

Buschleute sind traditionell Wildbeuter; während die Männer jagen, sammeln die Frauen mithilfe des Grabstockes Nüsse, Früchte, Wurzeln, aber auch Kleintiere.

Reinhard Friederich wuchs mit Buschmann-Kindern auf, spricht die Buschmannsprache fließend und ist einer der besten Kenner der San-Kultur. Auf seiner Farm hat er Unterkünfte geschaffen, die den Hütten der Buschmänner nachempfunden wurden.

Die Farmerin Ilse Schatz machte sich als Initiatorin des Tsumeb Museum und als Kennerin der Lebensgewohnheiten der Buschleute landesweit einen Namen. Neben Exponaten der San sind in ihrem Museum auch Kanonen zu sehen, die die Schutztruppe 1915 im nahe gelegenen Otjikoto-See versenkt hatte.

ger und engagierter Mitarbeiter fortgeführt. Ombili ist keine folkloristische Touristenshow. Hier leben und arbeiten Menschen, die in einer sich verändernden Welt Fuß fassen wollen. Im Souvenirladen von Ombili können Besucher die schönen und authentischen Handarbeiten der San (bemalte Straußeneier, Korbarbeiten, Pfeile und Bogen etwa) erwerben. Informationen unter: www.ombili.de sowie www.dneg.de, die Projekte wie Ombili unterstützt. Der Buschmann-Experte und Deutsch sprechende Farmer Reinhard Friederich ist eine der guten Seelen von Ombili. Nördlich von Tsumeb, am Rand des namibischen Farmgürtels nahe der Siedlung Tsintsabis, betreibt er sein Buschmann-Camp für Touristen: »Muramba Bushman Trails«.

»Ich lernte die Buschmann-Sprache genauso früh, wie ich Deutsch lernte«, sagt Reinhard Friederich. »Mein Großvater war mit der Schutztruppe ins Land gekommen. Später kaufte er sich die Farm Duwib, was in der Buschmannsprache ›Regengegend‹ bedeutet. Da es nur Buschmänner in seinem Umfeld gab, erlernte er auch ihre Sprache. Doch das war noch nicht perfekt,

denn die sechs sehr unterschiedlichen Schnalzlaute ihrer Sprache beherrscht man nur, wenn man von Kind an mit ihnen aufwächst. Diese Laute werden übrigens auch in der Schriftsprache durch unterschiedliche Striche und Ausrufezeichen dargestellt.« Reinhard Friederich beherrscht diese Sprache.

Sein Leben und sein Wissen über die Buschmänner brachten ihm einen solchen Bekanntheitsgrad ein, dass eines Tages die Filmemacher von Walt Disney ihn für einen Film über Buschmänner als Berater engagierten. Da kam ihm die Idee, sein Wissen auch mit Touristen zu teilen. »Die Beziehung der Buschmänner zu dem kargen Lebensraum formte auch deren Verhaltensmuster«, verrät er. »Bezeichnend ist ihr Verhalten, wenn man ihnen ein Geschenk macht. Es wird in so viele Teile geteilt, wie Stammesmitglieder da sind, und jeder bekommt etwas. Das ist Teil ihrer Überlebensstrategie, denn mal findet der eine etwas, mal der andere. Es wird immer geteilt. Wenn einem Kind ein Bonbon gegeben wird, und es sind sechs Freunde da, wird das Bonbon in mehrere Stücke gebrochen. Derjenige, der geteilt hat, kann oft nicht bis sechs zählen, und steht dann zum Schluss ohne ein Stück Süßigkeit da. Ihm bleibt nur, sich die Finger abzulecken. Aber damit ist er zufrieden, er hat wenigstens keinen Streit verursacht. Und den zu vermeiden, ist oberstes Gesetz der Buschmänner, denn vermeidbare Konflikte kosten unnütz Kraft.«

Die Stunden am Lagerfeuer, wie hier am Vogelfederberg im Namib-Naukluft-Park, gehören zu den unvergesslichen Impressionen einer Namibiareise.

Wildnis Namibia: Planen, Reisen, Genießen

Reise- und Landesinformationen

Pilotin Erica Messerschmidt aus Südafrika macht ihre Maschine für einen Rundflug über den Fish River Canyon startklar.

ALLGEMEINE INFORMATIONEN

Land und Leute

Namibia ist ein Land der Extreme: In der Namib fallen jährlich rund 20 Millimeter Regen, im Caprivi hingegen fast 1000 Millimeter. Im Januar klettert die Temperatur im Süden bis auf 47 Grad Celsius, im August sackt sie auf dem rund 1700 Meter hochgelegenen Inland-Plateau schon mal auf minus 10 Grad ab.

Im Südwesten Afrikas zwischen dem 17. und 29. Breitengrad gelegen, wird das etwa 830000 Quadratkilometer große Land vom Atlantik im Westen, Angola und Sambia im Norden, Südafrika im Süden und Botswana im Osten eingerahmt. Die Sanddünen der Namib mit Breiten zwischen 80 und 120 Kilometern machen 15 Prozent der gesamten Fläche aus. Die Bevölkerung ist eine Mischung aus zahlreichen Ethnien und Kulturen: die der Herero, Damara, Ovambo, Nama, Kawango, Caprivianer, San, Tsawa, Himba, Buschmänner, Baster, Deutschen und Afrikaaner.

Die Republic of Namibia ist seit dem 21. März 1990 ein selbstständiger, unabhängiger Staat. Die offizielle Landessprache ist Englisch. 80 Prozent der rund zwei Millionen Einwohner sprechen Oshivambo, Otjiherero oder andere afrikanische Sprachen. Verbreitet sind auch Afrikaans und Deutsch.

Namibia ist reich an natürlichen Schätzen. Es ist der Welt fünftgrößter Uranproduzent und seine Diamantvorkommen gehören zu den ergiebigsten der Welt. Das Land produziert ebenfalls große Mengen von Zink, Zinn, Silber und Osram. Das Staatsmotto lautet: »Einigkeit, Freiheit und Gerechtigkeit«.

Auskunft

Informationen sind erhältlich bei:
Namibia Tourism
Schillerstraße 42–44
60313 Frankfurt
Tel. (069) 13 37 36-0
Fax (069)13 37 36-15
E-Mail: info@namibia-tourism.com
www.nambia-tourism.com

Klima und Reisezeit

Es gilt folgende Faustformel: Mai bis September sind die kühlsten und zudem trockenen Monate und als solche für die Reise im Inland geeignet. Die Monate April bis

Oktober und die Weihnachtszeit eignen sich für den Aufenthalt an der Küste. Wer gern dem europäischen Winter entfliehen und in den Sommer hineinkommen möchte, wird, trotz gelegentlicher Schauer, die Zeit zwischen Dezember und Februar wählen.
Oktober und November sind die heißesten Monate mit Temperaturen zwischen 16 und 39 Grad Celsius. Die Hauptregenzeit dauert von Januar bis April (jährlicher Niederschlag etwa 305 mm). Doch auch diese Zeit eignet sich zum Reisen, da die Regenschauer zumeist in kurzen, kräftigen Nachmittagsgewittern niedergehen.
Rund 90 Prozent des Landes sind Wüste beziehungsweise Halbwüste. Das Klima ist dort kontinental. Das heißt: sehr heiße Sommer, kühle und klare Winter.
Rund 9–10 Stunden Sonnenschein täglich machen Namibia aber insgesamt zu einer Destination für Sonnenhungrige. Der Spitzenwert des Landes wurde am Orange River mit etwa 48 Grad Hitze gemessen.

Anreise

Die LTU fliegt freitags, im europäischen Winter auch montags, von München (mit Anschlussflügen von Düsseldorf und Berlin) direkt nach Windhoek. Air Namibia fliegt montags, dienstags, donnerstags und samstags von Frankfurt über München nach Namibia. Lufthansa-Verbindungen bestehen zwischen Frankfurt, Johannesburg/Südafrika und Windhoek. Preise variieren je nach Saison. Der Flug dauert etwa neun Stunden.

Flughafen

Windhoeks Hosea Kutako International Airport liegt etwa 40 Kilometer östlich der Stadt an der B6. Zubringerdienst durch Busse und Taxen.

Gesundheit

Schutzimpfungen sind bei der Einreise nicht nachzuweisen, nur erforderlich bei einer Einreise aus einem durch Gelbfieber gefährdeten Gebiet.
Hohes Malariarisiko besteht ganzjährig im tropischen Norden entlang des Kawango und Kunene, ein mittleres Risiko im übrigen nördlichen Landesinneren. Wegen der erforderlichen Malariaprophylaxe sollten Sie sich unbedingt vom Facharzt beraten lassen.
Es empfiehlt sich, bereits im Heimatland eine Reisekrankenversicherung abzuschließen. In den größeren Städten, vor allem in Windhoek, wird jede Art von medizinischer Hilfe geboten. Das Flugnetz mit kleinen Maschinen ist gut ausgebaut, sodass im Notfall auch von entlegeneren Gebieten eine zügige Überführung in eine Spezialklinik beziehungsweise zu einem Spezialarzt gewährleistet ist.

Reisen in Namibia

Vor der Reise hat man die Qual der Wahl: Geländewagen, Wohnmobil oder herkömmlicher PKW, Bus, Eisenbahn oder Flugzeug.
Das 38 000 Kilometer lange Straßennetz, das die Städte und Gemeinden miteinander verbindet, besteht aus 4000

Bilder, die man nicht vergisst: Bequem lassen sich vom Okaukuejo Camp im Etosha National Park Elefanten, Löwen, Giraffen, Zebras, Antilopen und Warzenschweine beobachten.

1901 im wilhelminischen Stil erbaut, erhielt das alte Bahnhofsgebäude von Swakopmund in den 1990er Jahren ein tolles Facelifting und dient heute als schickes Hotel mit Restaurants, Geschäften und Casino.

Kilometern Asphalt-, 25 000 Kilometern Schotter-, 200 Kilometern Salz- und 8800 Kilometern Erdstraße. Der Geländewagen ist mit Abstand das geeignetste Fahrzeug, auch wenn die meisten Schotterstraßen während der Trockenzeit mit herkömmlichem PKW zu befahren sind. Aber das ist anstrengend!

Es herrscht Linksverkehr. Besonders am Tag der Ankunft sollte zum Eingewöhnen ein Zettel mit dem Hinweis »Linksverkehr« am Armaturenbrett hängen. 60 Stundenkilometer sind in Ortschaften erlaubt, 120 Stundenkilometer auf Teerstraßen. Die empfohlene Geschwindigkeit für Schotterstraßen, *gravel roads*, beträgt 80 Stundenkilometer.

Ein öffentliches Busnetz existiert weder in den Städten noch zwischen den Städten. Allerdings bedienen einige Busunternehmen die Langstreckenrouten, zum Beispiel Intercape Mainliner.

Das Eisenbahnnetz (2300 km) ist trotz günstiger Preise touristisch kaum von Bedeutung. Die Züge fahren größtenteils sehr langsam und verkehren zumeist nachts.

Ein Highlight allerdings ist der Desert Express: www.desertexpress.com.na.

Der 1998 in Betrieb genommene Zug startet zu seiner 24-stündigen Reise am frühen Nachmittag in Windhoek. Unterbringung in Schlafwagen, im Starview Sitter (Aussichtswagen mit Glasdach) lässt sich der südliche Sternenhimmel genießen. Bistro, Restaurant und Bar sind an Bord. Nach einem guten Frühstück im rollenden Welwitschia-Restaurant wird am anderen Morgen Swakopmund erreicht.

Flüge sind beliebt: Eros Airport, direkt am Stadtrand Windhoeks, ist der Flughafen für kleinere Maschinen und lokale Flüge, auch zu den anderen Inlandsflughäfen in Keetmanshoop, Ondangwa, Oshakati, Grootfontein, Mpacha, Rundu und Rooikop bei Walvis Bay.

Darüber hinaus sind rund 200 registrierte Airstrips über das Land verteilt; unter anderem bei Touristenzielen wie Okaukuejo, Sesriem, Palmwag und Popa Falls.

Übernachten

Wohl nirgendwo sonst ist man der Seele Namibias so nahe wie beim Camping. Abends unter dem unvergleichlich klaren Nachthimmel im Namib-Naukluft-Park oder am Brandberg zu sitzen, gehört zu den besonderen Erlebnissen hier. Natürlich ist auch das Hotelangebot ausgezeichnet: Es stehen Hotels, Resorts, Lodges, Gästefarmen und staatliche Restcamps aller Kategorien zur Verfügung. Hotels internationalen Standards sind hauptsächlich in den großen Städten wie Windhoek (so zum Beispiel: Kalahari Sands Hotel, Hotel Fürstenhof, Hotel Thüringer Hof) und Swakopmund (Strand Hotel und Hansa Hotel) zu finden.

Resorts, Lodges und Gästefarmen sind nahezu flächendeckend über das ganze Land verteilt. Fast alle bieten bei hohem Standard sehr individuelle Betreuung, zum Beispiel mit Safarimöglichkeiten auf eigenem Gelände oder in angeschlossenen Naturschutzgebieten, Bootsausflüge und Pferderitte.

Essen und Trinken

Fleisch steht auf der Speisekarte ganz oben. Neben Rind- und Schweinefleisch wird vor allem Wildbret, zum Beispiel Kudu-, Oryxantilopen- oder Springbocksteak als Delikatesse geschätzt. Ebenfalls exotisch und wohlschmeckend ist Straußen- oder Krokodilfleisch. Rauchfleisch, geräuchertes Fleisch zum Beispiel vom Kudu, Springbock oder Rind, wird mit Melone gern als Vorspeise serviert. In Supermärkten und Fleischereien gibt es schmackhafte Wurstwaren zu kaufen. Überall erhältlich ist Biltong, traditionelles Trockenfleisch, das wegen seiner Haltbarkeit besonders bei Wanderern beliebt ist.

Swakopmund ist eine gute Adresse für Fischspezialitäten. Zu den gefragten Fischen und Meeresfrüchten gehören neben Kabeljau auch Hai, Lobster und Austern, hier natürlich frisch aus dem Meer auf den Tisch.

Die Gemüse- und Obstpalette ist reichlich und gut. Papayas, Mangos, Ananas und Guavas sind einige der im südlichen Afrika wachsenden Köstlichkeiten, die man sich nicht entgehen lassen sollte. Backwaren, ganz gleich ob Brötchen, Vollkornbrot, Graubrot, Pumpernickel oder Kuchen, lassen immer wieder neu den deutschen Einfluss durchschmecken. Viele Bäckereien werben mit deutschsprachigen Hinweistafeln. Wer sich dem Genuss von Schwarzwälderkirsch-, Schokoladentorte oder Bienenstich hingeben will, kann das zum Beispiel im Café Schneider in Windhoek oder auch im Café Anton in Swakopmund tun.

Wer das Land im Mietwagen bereist, wird selbstverständlich Lebensmittelvorräte in seiner Kühlbox lagern (Eis ist zum Beispiel im *bottle store* oder im Supermarkt erhältlich). Supermärkte, die es auch in kleineren Ortschaften gibt, sind gut bestückt. *Take aways* (Imbissstände) sind weit verbreitet. Zu den Highlights der Reise aber gehören die Stunden am Lagerfeuer beim *Braai*, wo zum glutroten afrikanischen Sonnenuntergang das Steak gegrillt wird.

Mineralwasser und andere Softdrinks sind in allen Restaurants, Lebensmittelläden und Tankstellen erhältlich. Beim Wein dominiert das hervorragende Angebot aus dem Nachbarland Südafrika. Windhoek Lager und Hansa Bier sind die verbreitetsten namibischen Biere. Nach deutschem Reinheitsgebot gebraut sind sie süffig und werden kalt (Kühlschranktemperatur) getrunken.

Souvenirs

Es ist ein Vergnügen, zwischen den Straßenverkaufsständen in Windhoeks Post Street Mall oder in Swakopmund zu stromern und mit den Händlern zu feilschen. Zu den Angeboten zählen bemalte Straußeneier, Trommeln oder Korbflechtarbeiten. Auch der Handarbeitsmarkt von Okahandja mit seiner großen Auswahl an Holzarbeiten lohnt den Besuch.

Auch die staatlichen Camps, wie das von Okaukuejo im Etosha National Park, lassen kaum noch Wünsche offen. Und dichter an der Natur als hier kann man nicht sein.

Auf Pirsch in einem privaten Naturschutzgebiet. Zum Glück sehen Nashörner sehr schlecht... In den Nationalparks ist das Verlassen der Fahrzeuge außerhalb der Camps strikt verboten.

In Tsumeb, Swakopmund, Windhoek und Karibib findet man ausgezeichnete Mineralien.
Viele Handarbeiten kommen auch aus Namibias Anrainerstaaten Sambia, Simbabwe und Südafrika, so zum Beispiel Armreifen aus Malachit oder Schnitzarbeiten aus Speckstein.

Feiertage

Neujahrstag (1.1.), Unabhängigkeitstag (Independence Day) (21.3.), Karfreitag, Ostermontag, Tag der Arbeit (Workers Day) (1.5.), Cassinga-Tag in Erinnerung an das Bombardement von SWAPO-Stellungen in Südangola durch die südafrikanische Luftwaffe (4.5.), Himmelfahrtstag, Afrika-Tag (25.5.), Heldengedenktag (Heroes' Day) (26.8.), Tag der Menschenrechte, an dem des Aufstandes in Windhoek gegen die Zwangsumsiedlung der farbigen Bevölkerung in dem Vorort Katutura am 10.12. 1959 gedacht wird (10.12.), Weihnachtstag (25.12.), Familientag (Family Day) (26.12.)

Sportliche Aktivitäten

Segelflieger wird es zur Bitterwasser Lodge (südlich von Windhoek und nicht weit von Mariental) ziehen, wo zwischen Dezember und Januar optimale Flugbedingungen herrschen (www.bitterwasser.com).
Im NamibRand Nature Reserve (siehe S. 258f.) kann man im Heißluftballon über die menschenleere Namib fahren. Angler finden am fischreichen Benguelastrom ein Dorado. Ziele der Petrijünger sind Walvis Bay und Henties Bay.
Allerdings ist Namibia kein Badeparadies. Der kalte Benguelastrom und häufiger Küstennebel machen das Bad im Atlantik zum Härtetest.
Wer neben dem Geländewagen auch seinen Füßen vertraut, findet hier eine Vielzahl faszinierender Wandermöglichkeiten; den Waterberg Wilderness Trail zum Beispiel:
Jeden 2., 3. und 4. Donnerstagnachmittag (April bis November) um 14 Uhr treffen sich die Teilnehmer am Onjoka Gate. Die geführte Wanderung dauert bis zum Sonntag. Da nur eine Gruppe (Minimum: sechs, Maximum: acht Personen) auf dem Pfad zugelassen ist, sollte rechtzeitig reserviert werden. Eine Gebühr ist dafür zu zahlen.
Sehr beliebt ist der Fish River Canyon Trail: 80 Kilometer langer Wanderweg von Ai-Ais nach Hobas oder umgekehrt (etwa fünf Tage). Wegen extremer Hitze ist der Trail nur zwischen Mai und Ende September geöffnet. Den Transport zu und von den Trail-Treffpunkten muss jeder selbst organisieren.
Unterwegs wird im Freien oder im Zelt geschlafen. Wasser aus dem Canyon muss desinfiziert werden.
Informationen, auch zu den erforderlichen Genehmigungen, bei Namibia Tourism (siehe S. 261).

ORTE UND SEHENSWÜRDIGKEITEN

Nur wenige Straßen durchziehen Namibia, dazwischen begrüßen ein paar Städte und Ortschaften die hungrigen und müden Reisenden wie freundliche Oasen. Mit 105 559 Quadratkilometern geschützten Landes machen die Natur- und Nationalparks Namibias vergleichsweise mehr als ein Viertel der Fläche Deutschlands aus. An mehreren Stellen schließen sich an die staatlichen Naturschutzgebiete private Schutzgebiete an; so zumBeispiel NamibRand Nature Reserve östlich des Namib-Naukluft-Parks und die private Gondwana Desert Collection östlich des Fish River Canyon.
Gelegentlich sind die Unterkünfte, insbesondere während der namibischen Sommerferien (Dezember bis Januar), lange im Voraus ausgebucht. Auch während Juli und August (Ferienzeit in Europa) kann es eng werden. Es sollte rechtzeitig gebucht werden.

Ai-Ais/Fish River

Das Ai-Ais Resort mit seinen heißen Thermalquellen liegt am Fish River im Süden Namibias. Von der Hauptquelle wird das 60 Grad heiße mineralhaltige Wasser in mehrere Innen- und Außenpools gepumpt, in denen man sich herrlich entspannen kann. Wegen der extremen Sommertemperaturen (bis zu 45 °C) ist Ai-Ais nur vom 2. Freitag im März bis 31. Oktober täglich von Sonnenauf- bis Sonnenuntergang geöffnet. Zu erreichen über B1 und C10. Es gibt Übernachtungs- und Campingmöglichkeiten. In der kühlen Jahreszeit können von hier aus Wanderungen in den Fish River Canyon unternommen werden.

Cape Cross Seal Reserve

Dank der reichen Fischvorkommen im Benguelastrom finden Pelzrobben 113 Kilometer nördlich von Swakopmund ideale Lebensbedingungen vor. Das 6000 Hektar große Terrain wurde 1969 zum Schutzgebiet erklärt. Bis zu 100 000 Pelzrobben, auch Ohrenrobben genannt, halten sich während der Spitzenzeiten hier auf. Pelzrobben nehmen pro Tag rund acht Prozent ihres eigenen Körpergewichts zu sich. Im November/Dezember kommen die Jungen zur Welt. Die größte Gefahr für sie sind der Schakal und die Braune Hyäne.

Caprivi-Naturparks

Der Mamili National Park (320 qkm) ist das größte geschützte Sumpfgebiet Namibias.
Der Park befindet sich in einer V-förmigen Flussbiegung des Kwando River, der in diesem Abschnitt auch die etwas verwirrenden Bezeichnungen Mashi River und Linyandi River trägt, bevor er weiter östlich Chobe heißt. Die beste Zeit für Vogelbeobachtungen ist von November bis März. Es gibt nur von Geländewagen befahrbare Pisten.
Der Mudumu National Park (etwa 1010 qkm), südlich von Kongola gelegen, ist ebenfalls nur für Allradfahr-

Bei Farmen wie »Johann Strauß-Largo«, »Hannover«, »Deutsche Erde«, »Hirschgrund«, »Straußenheim«, »Rostock Ritz« oder »Schlesien« mag man ein wenig darüber schmunzeln, wie die Einwanderer aus Europa versuchten, ein Stückchen alte Heimat hierher zu bringen.

BUSSTOP

HIRSCHGRUND

STRAUSSENHEIM
134
HAUS 2 km

20 km

Dinner und guter Wein im stilvollen Restaurant in einer der zahlreichen Top-Lodges. Auch sie machen Namibia zu einer Destination für jede Altersgruppe.

zeuge befahrbar. Die Lianshulu Lodge (siehe S. 114) ist hier die einzige private Unterkunft.
Der Bwabwata National Park (6000 qkm) schützt den 32 Kilometer breiten und 180 Kilometer langen urwaldhaften Landkorridor zwischen der Bagani Brigde am Okavango River und der Kongola Bridge über den Kwando River. Die Durchgangsstraße B8 (Rundu–Katima Mulilo) bietet die einzige Möglichkeit, den Park zu bereisen. Ganzjährig geöffnet. Zusammen mit den länderübergreifenden Schutzgebieten in Botswana, Sambia und Angola bildet dieser Nationalpark ein Riesenparadies für Tiere.
Mahango Game Reserve: Das Ergebnis einer Tierzählung per Helikopter kann sich sehen lassen: 64 Flusspferde, 103 Säbelantilopen, 34 Krokodile und 319 Elefanten leben hier, ein gewaltiger Bestand bei einer Fläche von nur 2450 Quadratkilometern. Ein anderes Highlight des Parks ist ein Riesen-Baobabbaum am Ufer des Okavango. 22 große Schritte sind nötig, um seinen bauchigen Stamm zu umrunden.
Unterkünfte und Camping findet man etwa 15 Kilometer entfernt bei den Popa Falls.
Popa Game Park: Der Okavango passiert hier die letzten Stromschnellen, bevor er weiter südöstlich in Botswana ins Okavango-Delta mündet. Im Wesentlichen handelt es sich bei diesem kleinen Schutzgebiet (25 Hektar) um ein Camp (Unterkünfte und Campsites) an den romantischen Popa Falls. Lohnend sind Spaziergänge entlang der Stromschnellen sowie ein Ausflug zum nahen Mahango/Bwabwata Park.

Daan-Viljoen-Wildpark

Windhoeks Hauspark (3953 Hektar) an der C28 in Richtung Swakopmund ist nur 26 Kilometer von der namibischen Hauptstadt entfernt. Wanderer finden hier die Tages-Trails: Wag'n Bietjie Trail und den Rooibos Trail. Abends genießt man einen schönen Blick auf die Lichter Windhoeks. Aufgrund der Höhenlage ist es hier etwas kühler als in Windhoek.
Gute Tierbeobachtungsmöglichkeiten. Übernachtungsgästen stehen Rundhütten und Zeltplätze zur Verfügung.

Epupa Falls

Besonders während und nach der Regenzeit spektakulärer Wasserfall (40 Meter Fallhöhe) des Kunene River. Tropisches Ambiente mit Moringa-Bäumen und Makalani-Palmen. Campingplatz. Die Fälle erreicht man über Ruacana auf der Straße 3700 – auf einer 162 Kilometer langen Piste, die es in sich hat! Robustes Geländefahrzeug und möglichst zwei Ersatzreifen sind Voraussetzung! Alternativ kann man von Opuwo anreisen (172 Kilometer). Tankmöglichkeiten (meistens ...!) in Ruacana und Opuwo.

Etosha National Park

Der ganzjährig geöffnete Park bietet die besten Tierbeobachtungsmöglichkeiten von Juli bis zum Ende der Tro-

ckenzeit (Dezember), wenn sich das Wild an den zahlreichen Tränken versammelt. Rund 400 Millimeter Niederschläge fallen zwischen Dezember und April, während dieser Monate liegt die mittlere Temperatur bei 30 Grad Celsius. Im Vergleich dazu die Niedrigsttemperatur im Juli: frische 6 Grad Celsius; schließlich befindet sich der Nationalpark in rund 1000 Metern Höhe.
Vogelfreunde kommen zwischen März und April auf ihre Kosten, wenn die Mehrzahl der Zugvögel noch hier weilt. Übernachtungsmöglichkeiten innerhalb der Parkgrenzen bestehen in den Camps Namutoni, Halali und Okaukuejo.
Sowohl die Qualität der Unterbringung wie auch die des touristischen Angebots der staatlichen Rastlager wird seit einiger Zeit durch private Anbieter unmittelbar außerhalb der Parkgrenzen überboten: zum Beispiel Ongava Lodge, Kavita Lion Farm oder Mokuti Lodge am östlichen Parkeingang.

Fish River Canyon

Mit dem rund 3500 Quadratkilometer großen Fish River Canyon, einem 1962 zum National Monument erklärten Landschaftsschutzgebiet, präsentiert der tiefe Südwesten eins der ganz großen Highlights Afrikas. Mit dem Resort bei Ai-Ais und dem Hobas Camp stellt die Naturschutzbehörde das Basisangebot in dieser Wüstenlandschaft. Private Initiativen und private Naturparks wie die Gondwana Cañon Lodge (siehe S. 210) ergänzen es.

Grootfontein

Die 24 000 Einwohner zählende Stadt im Nordosten Namibias ist das Zentrum einer Farmregion, des sogenannten »Mais-Dreiecks«. Die Buschmänner nannten die Region einst *gei-/ous*, große Quelle. Daraus wurde Grootfontein in Afrikaans. Schon bald entdeckten Prospektoren Kupfervorkommen. Im Jahr 1900 bereits wurden die ersten neun Tonnen Kupfer per Ochsengespann nach Swakopmund transportiert. Im selben Jahr kam der Arzt Dr. Kuhn in den Ort, um die grassierende Malaria zu bekämpfen; Grootfontein hatte den Spitznamen »Fiebernest« bekommen. Unter anderem durch den Bau von Entwässerungskanälen bekam der Arzt das Malariaproblem in den Griff.
Grootfontein ist für Reisende nach Nordosten die letzte bedeutende Versorgungsstation vor Rundu und dem Caprivizipfel.

Kaudom Game Park

Das 3842 Quadratkilometer große Tierreservat am östlichen Rand Namibias ist eine Herausforderung für robuste Geländewagen und ihre Piloten: weicher Sandboden, wechselnd von Purpurrot bis Schneeweiß und durchsetzt mit störrischem Buschwerk. Die Pisten sind oft kaum sichtbar, da sie selten befahren werden. Wer dieses Abenteuer an der Grenze zu Botswana nach sorgfältiger Vorbereitung angehen will, wird belohnt durch große Elefantenherden und Einsamkeit.

Das Hotel »Hamburger Hof« in Otjiwarongo wirkt auf den ersten Blick wie ein Stück »alte Heimat«. Die Herero-Frauen aber erinnern daran, dass am nahe gelegenen Waterberg einst das Weideland ihres Volkes war.

HAMBURGER HOF

Kalahari Sands Hotel
& Casino
NAMLIFE
Standard Bank
OLD MUTUAL
BANK WINDHOEK
THE SHOP
informatica
Rehoboth
R.S.A
OSHIKUYU
ELECTRONICS
N 19020 W

Dussi, Elandsvlakte, Tsau, Leeupan wie auch der Kaudom Omuramba sind einige der Wasser- und Beobachtungsstellen, wo man wilde Tiere wie Elefanten, Giraffen, Pferde-Antilopen, Strauße, Löwen, Leoparden, Wilde Hunde, Hyänen, Oryxantilopen und Kudus beobachten kann.
Ausreichend Sprit mitführen. Von einem Besuch während der Regenzeit wird dringend abgeraten.

Keetmanshoop

Das 300 Kilometer nördlich der südafrikanischen Grenze gelegene Keetmanshoop (etwa 20 000 Einwohner) schmückt sich gern mit dem Titel »Capital of the South«. Nachdem Johann Keetman, ein Geschäftsmann aus Barmen in Deutschland, Geld für eine Kirche gespendet hatte, benannte man den Ort nach ihm. Ein Highlight ist der nahe gelegene Köcherbaumwald (siehe S. 204).

Lüderitz

Jene deutsch-afrikanische Küstenatmosphäre, die so gern Swakopmund zugeschrieben wird, spürt man auch in Lüderitz, allerdings ohne das beschwingte Ambiente des beliebten Urlauberstädtchens weiter nördlich. Lüderitz hat sich seit Anfang dieses Jahrhunderts kaum verändert. Darin liegt sein Charme.
Bis 1908, dem Diamantenjahr, unterschied sich Lüderitz kaum von anderen kleinen Niederlassungen in »Deutsch-Südwest«. Aus der bescheidenen Handelsniederlassung Fort Vogelsang, benannt nach Heinrich Vogelsang, war eine Nachschubbasis für die Schutztruppe geworden. Die nächsten Akzente wurden zwischen 1906 und 1907 durch Bauten der Woermann-Schifffahrtslinie gesetzt. Doch der eigentliche Durchbruch für die Stadt begann 1908 mit dem Diamantenfieber. Rege Bautätigkeit setzte innerhalb der nächsten sieben Jahre ein.
Erker, Fachwerkgiebel, Treppenhäuser, Veranden, Türme, Turmzimmer und viele andere Merkmale des Jugendstils und der Wilhelminischen Epoche prägen das Stadtbild. Klarer blauer Himmel und ein kräftiger Wind sind charakteristisch für die Region Lüderitz-Bucht. Nebel und Regen sind selten. Der Südwest-Sturm tobt sich zwischen September und Februar aus.
Lüderitz ist der beliebteste Ausgangspunkt ins Diamantensperrgebiet (Elisabethbucht, Robbenkolonie, Pomona und Bogenfels) und in den Geisterort Kolmanskuppe.

Namib-Naukluft-Park

Zu den unbedingt besuchenswerten Attraktionen gehören die roten Dünen des Sossusvlei, der Sesriem Canyon, die Flamingobucht im Sandwich Harbour (nur mit Allradfahrzeug), die Mondlandschaft im Naukluft-Gebiet sowie die Welwitschia-Route mit den Welwitschia, den ältesten Pflanzen der Erde. Es gibt eine Fülle von Campingplätzen. Beliebt, aber oft ausgebucht, ist das Sesriem Camp nahe Sossusvlei.

Nirgendwo sonst ist der Wandel seit der Unabhängigkeit so zu spüren wie in der Hauptstadt Windhoek. Moderne und Geschichte treffen hier aufeinander, so wie bei der Independence Avenue, die bis zur Unabhängigkeit »Kaiserstraße« hieß.

Okahandja

Der nördlich von Windhoek gelegene etwa 21 000-Einwohner-Ort ist vor allem für die Herero von großer geschichtlicher und kultureller Bedeutung.

Der unscheinbare Häuptlingsfriedhof ist das bedeutendste National Monument der Herero. Hier befinden sich die Gräber ihrer größten Häuptlinge wie Tjamuaha, Maharero und Samuel Maharero. Letzterem kommt eine Schlüsselrolle beim Herero-Aufstand zu (siehe S. 44f.).

Alljährlich im August findet der farbenprächtige Herero-Tag statt.

Otjiwarongo

Seine zentrale Lage an den Straßen B1, C33 (Kalkfeld, Karibib) und C38 (Outjo) macht das rund 22 000 Einwohner zählende Städtchen zur wichtigen touristischen Schnittstelle mit allen wesentlichen Service-Einrichtungen.

Viele der bedeutenden Sehenswürdigkeiten befinden sich in relativer Nähe: zum Beispiel Waterberg (siehe S. 232) und Etosha-Pfanne (siehe S. 130ff.).

Unweit von hier befindet sich an der Bahnlinie nach Tsumeb eine Stelle, die als »Khorab« bezeichnet wird. Am 9. Juli 1915 wurde hier in Gegenwart des südafrikanischen Generals Louis Botha von Gouverneur Seitz und Oberstleutnant Franke die Kapitulation der Deutschen Schutztruppe unterzeichnet.

Das war das Ende von Deutsch-Südwestafrika.

Rehoboth

Die Kleinstadt mit etwa 21 000 Einwohnern südlich von Windhoek ist die Heimat der Rehobother Baster.

Während der deutschen Kolonialherrschaft standen die Mischlinge (sogenannte »Baster«) überwiegend auf deutscher Seite und schlugen gemeinsam mit der Schutztruppe den Herero-Aufstand nieder.

Spitzkoppe

Die Spitzkoppe ist zwar nicht der höchste Berg des Landes, wird jedoch gern wegen ihrer charakteristischen Form das »Matterhorn Namibias« genannt. Erst Ende der 1940er Jahre erfolgte die Erstbesteigung. In der Region leben Damara, die hier nach Edelsteinen und Mineralien wie Topas, Quarz und Turmalin suchen. Östlich der Spitzkoppe, in den Pondok Mountains, sind im sogenannten »Bushman's Paradise« zahlreiche Felsbilder zu sehen.

Skelettküstenpark

Der Skeleton Coast National Park (16 000 qkm) liegt im Norden der namibischen Küste und erstreckt sich über etwa 500 Kilometer vom Kunene River im Norden bis Cape Cross im Süden. Zwischen Oktober und Mai ist es hier zumeist sonnig, während der übrigen Monate ist auch mit Nebel zu rechnen.

Nur der Abschnitt im Süden ist Individualreisenden zugänglich, für eine Reise in den Nordabschnitt kann man sich einer Flugsafari anvertrauen.

Namibia ist ein Land, das sich nach außen durch kalte Meeresströme, unzugängliche Wüsten und karge Gebirge abschottet. Im Inneren aber präsentiert es sich umso freundlicher.

MOHAWK

Gesichter eines vielfältigen Landes: In Tsumeb vor einer Wandmalerei, die für die politische Partei SWAPO wirbt (ganz links oben). Kinder eines Verkäufers im Soweto-Market in Katutura (links oben). Herero-Oma mit Großkind (ganz links unten). Bei Penduka, einer Initiative für afrikanische Frauen. Pendukas Motto: »Wacht auf, Frauen!« (links unten)

Swakopmund

Swakopmund ist der Verwaltungssitz der Region Erongo. Ihren Namen erhielt die Stadt vom Swakop Rivier, einem Trockenfluss, dessen Bett im Süden den Ort begrenzt. Ein deutscher Missionar hatte zwar das Flussbett »Rhein« genannt, mehr und mehr setzte sich aber der Nama-Begriff *Tsoa Xoub* durch, was sich wenig schmeichelhaft mit »Exkrementenöffnung« übersetzen lässt. Gemeint waren damit die Lehm- und Geröllmassen, die der Trokkenfluss nach schweren Regenfällen hier an der Mündung ins Meer entlässt. Gegen Ende des 19. Jahrhunderts hatte sich Swakop auch als Flussname etabliert.

Tsumeb

Der Name Tsumeb wurde abgeleitet von dem Buschmannwort *Tsom-soub*, was soviel heißt wie »ein Loch in lose Erde graben«.

Tsumebs Stadtmotto lautet – übersetzt – »Glückauf«, denn die 1905 von der Otavi Minen- und Eisenbahngesellschaft gegründete Stadt war der wichtigste Bergbauort von »Südwest«. Große Mengen Kupfer, Blei, Zink, Silber, Kadmium und Germanium wurden hier bis 1996 abgebaut, dann wurden die Minenschächte geflutet. Jetzt werden in der Hüttenanlage Tsumebs Erze anderer Abbaustätten verarbeitet.

Das »Absaufen« der Minenschächte war auch ein schwarzer Tag für die Mineraliensammler in aller Welt, die die noch im Boden schlummernden Kostbarkeiten ein für alle Mal verloren haben. Mehr als 250 Mineralien hatte man in der Tsumeb-Mine identifiziert – die größte bekannte Vielfalt innerhalb eines Minenkomplexes auf Erden. Eine ausgezeichnete Sammlung von Tsumeb-Mineralien wird im Tsumeb Museum ausgestellt.

Walvis Bay

Bartholomeu Diaz war der Erste, der 1487 mit seinem Schiff »Sao Cristovao« in der Walfischbucht vor Anker ging. Doch erst die zunehmende Präsenz amerikanischer Walfänger, die, angelockt durch die Riesensäuger, hemmungslos jagten, schreckte die Holländer am Kap der Guten Hoffnung auf. Sie hissten hier 1793 die holländische Fahne und nannten die Bucht »Walfisch Baye« (Walvisbaai). Doch nicht lange. Schon besetzten die Franzosen Holland; Walvis Bay wurde französisch. Da argwöhnten die Engländer, ihr Erzfeind könne den Seeweg nach Indien kontrollieren. Kurzerhand annektierten sie die Bucht, die später Teil der Kapkolonie beziehungsweise der Südafrikanischen Union wurde. Es war ein historischer Moment, als 1994 die 1124 Quadratkilometer große südafrikanische Enklave Walvis Bay an Namibia zurückfiel. Der Schlusspunkt unter die Kolonialzeit war gesetzt.

Heute ist Walvis Bay Namibias Tor zur Welt und gleichzeitig der bedeutendste Hafen des Landes.

Fast 200 000 Flamingos und Pelikane lebten hier noch bis vor ein paar Jahren. Doch seit zehn Jahren versandet die Lagune, die Vogelbestände nehmen deshalb ab. Trotzdem ist die Süßwasserlagune, vom Meer nur durch den schmalen Streifen einer Sandbank getrennt, noch einen Besuch wert. Im Ried brüten Vögel aller Art und Größe. Man sieht zahllose Pelikane, die an dem 100 Meter hohen Dünenkamm entlangfliegen, Flamingos, die über dem Wasser eine rosa Wolke bilden, Nilgänse, Regenpfeifer, Strandläufer, Schwalben, die seltenen Damara-Seeschwalben und auch Nachtreiher und Pelzrobben.

Waterberg Plateau Park

Wie eine Insel aus dem Meer erhebt sich das 450 Quadratkilometer große Waterberg-Plateau aus dem Busch. Man vergleicht den roten Fels gern mit einem Schwamm. Niederschläge dringen schnell in ihn ein und erscheinen unten an der Basis als Quelle. Das machte ihn so attraktiv für Mensch und Tier. Bis 1972 weidete man auf dem Plateau Vieh. Heute ist es die Domäne wilder Tiere. Seit der Gründung des Naturschutzparks wurden zahlreiche gefährdete Tierarten wieder eingeführt: Weißes Nashorn, Büffel, Tsessebe-, Säbel- und Roan-Antilopen. 200 verschiedene Vogelarten hat man am Waterberg bestimmt. Sieben davon kommen nur im südlichen Afrika vor.

Der Park ist ganzjährig geöffnet. Während der Sommermonate Oktober-Januar klettern die Temperaturen gelegentlich auf 30–40 Grad. Im Winter kann es Nachtfröste geben.

Windhoek

Windhoek (etwa 250 000 Einwohner) ist nicht nur das politische Zentrum, sondern auch die geografische Mitte Namibias. Die breite Independence Avenue mit der Post Street Mall, Shoppingcentern, guten Restaurants und Souvenirläden lädt zum Bummeln und Verweilen ein.

Neben ein paar besuchenswerten Kolonialgebäuden wie »Tintenpalast«, »Alte Feste« und Christuskirche bestimmen seit der Unabhängigkeit zunehmend moderne Bauten wie die Bank of Namibia, New State House und der Supreme Court Windhoeks Gesicht. Der ›Tintenpalast‹. war als Verwaltungssitz von Deutsch-Südwestafrika 1912 fertiggestellt worden. Seine Architektur wirkt streng, ja ausgesprochen modern. Manche lamentierten damals über den beschwerlichen Anstieg zu den »Verwaltungsgöttern auf Windhoeks Akropolis«. Doch oben angekommen entschädigt, damals wie heute, die Aussicht.

Ein Stück unterhalb verläuft die B1 durch wie eine Trennlinie durch das »weiße« und das »schwarze Windhoek«, den Vorort Katutura. Doch Grenzen solcher Art verwischen zum Glück. Zwischen beiden Stadtteilen liegt auch die Northern Industrial Area mit Dortmund Street, Ruhr Street und Hans Dietrich Genscher Street. Danach werden die Straßennamen afrikanisch. Doch das Element, das den alten und neuen Teil Windhoeks zusammenhält, heißt Independence Avenue, so als habe es etwas symbolisches, dass die »Straße der Unabhängigkeit« Menschen aller Hautfarben und aller Stadtteile verbindet.

Kein Grund zum Traurigsein, wenn das Namibiaabenteuer zu Ende geht. Es heißt: »Nach der Reise ist vor der Reise.« Man wird sowieso zu dem Diamanten im Südwesten Afrikas zurückkehren.

BRITZ:NAMIBIA

ANGOLA
SAMBIA
Sioma Ngwezi National Park
Luiana
Kwando
Sambesi
Caprivi Game Park
Katima Mulilo
Schuckmannsburg
Zambezi National Park
Chobe
Mambova
Ngoma
Kasane
Caprivi
Mahango Game Park
Bagani
Lianshulu Lodge
Mudumu National Park
Sangwali
Linyanti
Lake Liambezi
Victoria Falls
Chobe National Park
Kazuma Pan National Park
Okavango
Okavango Delta
Sepupa
Mamili National Park
BOTSWANA
SIMBABWE
ANGOLA
Kunene River
Epupa Falls
Ruacana Waterfall
Ruacana
Uutapi (Ombalantu)
Oshikango
Oshakati
Ondangwa
Cuangar
Nkurenkuru
n'Kwasi Lodge
Rundu
Dirico
Nyangana
siehe Ausschnitt oben
Hartmannberge
Marienfluss
Namib-Wüste
Opuwo
Skeleton Coast Park
Cape Frio
Ovamboland
B1
Oshivelo
Ombili Stiftung
Tsintsabis
Etosha National Park
Namutoni
Halali
Okaukuejo
Sesfontein
Hoanib
B8
Omatako
Khaudom Game Park
Sikereti
Kanovlei
Tsumeb
Hoba Meteorit
Grootfontein
Kamanjab
Tsumkwe
Okatjoruu
Otavi
Nyae Nyae Conservancy
Möwe Bay
Skeleton Coast
Outjo
Eiseb
Khorixas
Waterberg 1857 m
Otjiwarongo
Waterberg Plateau Park
Gam
Verbrannter Berg
Twyfelfontein
Okakarara
Eiseb
Kalkveld
Omatako
Sukses
Omaheke
Ugab
Brandberg 2573 m
Otjinene
Uis Myn
Epukiro
ATLANTISCHER OZEAN
Omaruru
National West Coast Tourist Recreation Area
Damaraland
Sommerdown
Spitzkoppe 1728 m
Cape Cross
Wilhelmstal
Harnas Wildlife Foundation
Epukiro
B2
Karibib
Okahandja
Hentiesbaai
Gross Barmen
Swakop
Khan
Buitepos
Mamuno
Ghanzi und Okavango-Delta
Swakopmund
Windhoek
Gobabis

Swakopmund
Khan
Swakop
Windhoek
Gobabis
Ghanzi und Okavango-Delta
Walvis Bay
Khomas Hochland
Rehoboth
Kule
Sandwich Harbour
Kuiseb
B1
Leonardville
Wendekreis des Steinbocks
NAMIBIA
Namib-Wüste
Solitaire
Namib Naukluft Park
Kalkrand
Aranos
Anib Lodge
BOTSWANA
Stampriet
Hardap Recreation Resort
Sesriem
Nossob
Sossusvlei
Mariental
Namib Rand Nature Reserve
Maltahöhe
Lendepas
Wêreldend
Gochas
Bossiesvlei
Kgalagadi Transfrontier Park
Gibeon
Witbooisvlei
Schwarzrand
Duwisib-Schloss
Fish River
ATLANTISCHER OZEAN
Asab
Twee River
Brukkaros 1568m
Helmeringhausen
Namaland
Köcherbäume
Bethanie
Keetmanshoop
Lüderitz
Kolmanskuppe
Aus
Goageb
Aroab
Rietfontein
Seeheim
Molopo
Fish River
Pomona Ghost Town
Diamond Area 1
Fish River Canyon
Canyon Lodge
Grünau
SÜDAFRIKA
Ai-Ais
Nakop
Karasburg
Warmbad
Upington
Oranjemund
Noordoewer
Orange River
Augrabies Falls
0
N
100 km
Befestigte Straße
Unbefestigte Straße
Sumpf
Salzpfanne
Nationalpark
Lodge

Dieter Kreutzkamp

Dieter Kreutzkamp, 1946 geboren, arbeitet seit vielen Jahren als Reisejournalist, Fotograf und Autor. Seit mehr als 30 Jahren bereist er auf abenteuerliche Weise Afrika. Auch nach zwei kompletten Afrikadurchquerungen gilt seine Vorliebe Namibia, über das er vielfach berichtete. Darüber hinaus verfasste er Bücher über die USA, vor allem Alaska, Kanada, Australien, Neuseeland und Südeuropa. Seine zahlreichen Beiträge erscheinen auch in renommierten Magazinen, in Funk und Fernsehen. Mehr unter: www.dieter-kreutzkamp.de

Literaturempfehlung

Martin, Henno: Wenn es Krieg gibt, gehen wir in die Wüste, 2002. Ein einfühlsamer Bericht über die Odyssee zweier Freunde in der Namib während des Zweiten Weltkriegs.

Kreutzkamp, Dieter: Spurensuche in Namibia – Auf Entdeckungsfahrt, München 2003. Die Begegnung mit Menschen steht im Vordergrund des spannenden Berichts über eine lange Reise im Geländewagen zwischen Namib und Victoriafällen.

Hess, Klaus A. (Hg.) und Becker, Klaus J. (Hg.): Vom Schutzgebiet bis Namibia 2000, Göttingen/Windhoek 2002. Ein an historischen Fotos und Zeitzeugenberichten reiches Buch über die letzten 100 Jahre in Namibia.

Bildnachweis

Laif/Emmler, Köln: Seite 12/13. Alle anderen Abbildungen stammen von Dieter Kreutzkamp.

Einbandfotos

Vorderseite: Die roten Dünen Namibias zählen zu den höchsten der Erde. Rückseite: Besinnlicher Tagesausklang am Lagerfeuer; der Löwe – die größte Katze Afrikas; Himbafrau.

Für Hinweise und Anregungen sind wir dankbar. Zuschriften an den:
Bucher Verlag, Produktmanagement,
Postfach 80 02 40, D-81673 München,
E-Mail: lektorat@bucher-verlag.de

Produktmanagement: Joachim Hellmuth
Textlektorat: Anke Höhne
Layout: Werner Poll, München
Herstellung: Bettina Schippel
Repro: Repro Ludwig, Zell am See
Printed and bound in Slowenia
by MKT Print, Ljubljana

ISBN 978-3-7658-1675-8